Suicídio

Uma alternativa à vida.
Fragmentos de
Psicoterapia Existencial.

Valdemar Augusto Angerami

Suicídio
Uma alternativa à vida. Fragmentos de Psicoterapia Existencial.

NOVA EDIÇÃO. ATUALIZADA E AMPLIADA.

Suicídio. Uma alternativa à vida. Fragmentos de Psicoterapia Existencial.
Nova edição. Atualizada e ampliada.
Copyright © 2020 Artesã Editora

1ª Edição - 1ª Reimpressão 2020

É proibida a duplicação ou reprodução deste volume, no todo ou em parte, sob quaisquer formas ou por quaisquer meios (eletrônico, mecânico, gravação, fotocópia, distribuição na Web e outros), sem permissão expressa da Editora.

COORDENAÇÃO EDITORIAL
Karol Oliveira

DIREÇÃO DE ARTE
Tiago Rabello

REVISÃO
Maggy de Matos

CAPA
Karol Oliveira

IMAGEM DE CAPA
Evandro Angerami

FOTOGRAFIA ORELHA
Paula Linhares Angerami

PROJETO GRÁFICO E DIAGRAMAÇÃO
Conrado Esteves

A587 Angerami, Valdemar Augusto, 1950-.
         Suicídio : uma alternativa à vida : fragmentos de psico-
     terapia existencial / Valdemar Augusto Angerami . – Belo
     Horizonte : Ed. Artesã, 2017.
         140 p. ; 23 cm.

         ISBN: 978-85-88009-77-6

         1. Psiquiatria. 2. Suicídio. 3. Psicoterapia. 4. Psicologia.
     4. O contemporâneo. I. Título.
                                                        CDU 616.89

Catalogação: Aline M. Sima CRB-6/2645

IMPRESSO NO BRASIL
Printed in Brazil

ARTESÃ EDITORA LTDA.
Site: www.artesaeditora.com.br
E-mail: contato@artesaeditora.com.br
Belo Horizonte/MG

Para
os sonhadores ensandecidos...
que acreditam e nos fazem crer
que é possível uma sociedade sem a faceta
cruel da autodestruição...

Agradecimentos

A Lua te mostra a borboleta ainda no casulo...
SABEDORIA CIGANA

Inicialmente, é necessário agradecer a Carlos Magno Ferreira, aluno querido e dedicado amigo, pelos cuidados na formatação inicial desse trabalho. Esmero e dedicação exemplares. Para Sueli Guerreiro, sempre presente nessa caminhada com sugestões, pontuações e questionamentos. À Glória Gimenez, olhar crítico, que me faz ver além dos meus horizontes. À minha filha, Paula Linhares Angerami, parceira de luta, e crítica constante dos meus textos, amor e centelha de vida. Ao meu filho Evandro Linhares Angerami, pela delicadeza da imagem da capa. E a Daisy, minha Marguerite, por sua presença tão suave nesse momento de vida.

Preciso, também, reverenciar o Mestre Alcebino, que de editor se tornou um grande amigo, e cúmplice nesse arrojo da publicação de livros tão instigantes e provocativos. E um mimo especial à Karol Oliveira, inicialmente apenas a coordenadora editorial dos nossos livros. E hoje, se transformou em parceira de vida, e igualmente cúmplice, na publicação desses livros. Sem perder o esmero e profissionalismo, permeados por carinho e atenção inomináveis.

Aos tantos parceiros nessa jornada pela prevenção, pósvenção e divulgação das questões, que envolvem a temática do suicídio, mais do que um agradecimento, a certeza de que não podemos esmorecer diante de dificuldades tão abismosas dos caminhos.

Um agradecimento muito especial a você, leitor. Pessoa que dedica momentos preciosos de sua vida, para se debruçar sobre essa obra. Esse livro é seu. Foi escrito para sua reflexão, e certamente não teria razão de ser, se você não o tivesse em suas mãos. Mais do que lhe agradecer, quero que saiba do orgulho de estar sendo lido por você.

Serra da Cantareira, numa manhã azul de Outono...

Sumário

Apresentação......11

POESIA
Fragmentos de Um Grande Mistério......15
Valdemar Augusto Angerami

PRIMEIRA PARTE
Suicídio: Um Breve Esboço......19
Área Clínica......23
Área Teórica......29
Área Filosófica......43

POESIA
De Fogo e Paixão......55
Valdemar Augusto Angerami

SEGUNDA PARTE
Alguns Casos Clínicos......57
Desespero e Dor......59
Uma Cena de Desespero......76
Desespero e Miséria......92
Solidão, Solidão, Solidão......110

POESIA
O Teu Sorriso......129
Valdemar Augusto Angerami

Considerações Complementares......131

Referências......135

Posfácio......137

Apresentação

O caminho é feito pelas rodas das carroças...
As pessoas transitam pela vida, umas nas outras...
SABEDORIA CIGANA

Ouvindo Sarasate, em seu estupendo Lamento Cigano, e degustando o vinho companheiro, acompanhado de queijo estepe embebido em molho de ervas. O prazer que tenho de ouvir minhas músicas, diante do fogo da lareira, é indescritível. Hoje estou ouvindo um autor que, embora esteja fora da minha Santíssima Trindade Musical – Mozart, Debussy e Rachmaninoff –, se situa entre meus favoritos. E essa peça particularmente me deixa extasiado, por trazer à música clássica o requinte e beleza da música cigana. A música de Sarasate, assim como outras peças ciganas, precisa ser apreciada em ambiente iluminado, apenas e tão somente pela luz do fogo da lareira. Assim, a magia e o fascínio cigano nos envolvem de modo absoluto.

Ele frequentava os clãs ciganos e absorvia seus temas, e depois os incorporava em arranjos e versões clássicas sempre fascinantes. Essa música é um concerto para violino e orquestra, e se situa entre as peças de mais difícil execução para o violino. Assim como Listz, ele fez com que a música cigana fosse respeitada e admirada no universo quase intransponível da música clássica. A música de Sarasate traz à tona minha própria etnia cigana. E embora meus familiares tenham se recusado a sequenciar essas tradições, ainda assim, é algo que faz parte da minha sanguinidade de modo irreversível.

O fogo da lareira se alterna, entre a cor amarelada da madeira, e a colorida, provocada por revistas com imagens de cor intensa. Essa alternância me parece como a própria alteração da vida, que em diferentes momentos se mostra multifacetada. O fogo traz em si uma mítica inominável. E me ocorreu que escrevo uma apresentação para um livro sobre suicídio, evocando mistérios da sabedoria cigana. Absorto pela magia e mistério ciganos, a escrever sobre o mistério do suicídio.

O suicídio é um fenômeno que está a desafiar todos os que se aproximam de seu enfeixamento, numa dada existência. Desde o seu aspecto de destruição, até aquele que meramente envolvem uma decisão incompatível, em princípio, com a própria lógica da continuidade da vida. E, por assim dizer, da própria espécie humana.

A música e os mistérios da sabedoria cigana sempre estiveram em meu sangue. Mistério e fascínio que não têm como se dissolver do meu ser. E desde vários anos, também me debruço sobre a tentativa de compreensão dos mistérios do suicídio. Temática fascinante. E percorrido tantos anos, desde o início dessa trajetória, e depois do tanto que li e escrevi sobre suicídio, me é claro que cada vez mais, sei cada vez menos sobre os mistérios que o envolvem. A compreensão do fenômeno do suicídio está distante de modo abismoso da compreensão humana. A própria essência de sua destrutividade é algo que, em sua peculiaridade, escapa à nossa percepção.

É incontável o número de teorias que tudo explicam, desde os princípios da destrutividade humana, até os enredos que conduzem aos caminhos do suicídio. No entanto, a inextricabilidade de cada caso mostra que, algumas vezes, nos aproximamos minimamente da compreensão de um caso isolado de suicídio, mas sem a menor condição de generalização para outros casos, em uma abrangência que não se torne mera teorização.

O violinista para executar a música de Sarasate, além de ser virtuose no domínio do instrumento, precisa também se lançar nos mistérios da alma cigana. Assim, poderá acirrar as cordas do violino, para extrair dessa sonoridade todo fascínio e mistérios presentes nesses temas melódicos. A vida, que se transforma diante da magnitude dessa música, está ausente na alma desesperada e desesperançada, e que vê alívio apenas e tão somente no suicídio. E talvez esse seja o grande desafio aos tantos envolvidos no acolhimento ao desesperado, que tem apenas a possibilidade do suicídio em seu campo perceptivo, levar a esperança e as cores presentes na magia cigana para sua alma. E, assim, conseguir a superação desse momento tão crítico e contundente.

Esse livro não tem a menor intenção de nada mais, que ser um ponto de reflexão sobre o fenômeno do suicídio. Certamente repleto de aspectos polêmicos que, seguramente, levarão muitos teóricos, que tudo explicam, a reverem seus postulados. Ainda assim, um instrumento de apoio e reflexão a todos que se interessem pela temática do suicídio. Seus mistérios e, acima de tudo, o enfeixamento inatingível pela compreensão humana, dos tentáculos de sua ocorrência.

Serra da Cantareira, numa noite de luamento de Outono.

Fragmentos de Um Grande Mistério

Valdemar Augusto Angerami

Para Ceça de Itamaracá
Uma onda de ternura
na arrebentação da vida...

Um dia também fui menino inocente...
E numa cidadezinha bem pequena do interior
tinha um amiguinho...Bem inocente também...
E passeávamos a cavalo e corríamos pelos campos...
E vivíamos a meninice na mansidão da inocência...

E um dia me contaram que o meu amiguinho
havia morrido... Buscara a morte, através do suicídio...
Ele era tão menino, tão pequeno, que ninguém encontra
alguma explicação, alguma razão... Algum determinante
para que sua morte se justificasse...
E era Primavera... O tempo das flores...

De real havia o fim dos passeios, brincadeira e
daquela mesmice descompromissada da infância...
Tudo findado... Estava tudo terminado naquele gesto
que os adultos chamam de suicídio...

Eu era tão menino e me perguntava
sobre as coisas tão complexas e emaranhadas...
Tinha até mesmo a ilusão de que quando crescesse,
talvez compreendesse coisas tão difíceis...
Eu me perguntava o que era suicídio... E começa a desconfiar
do sentido de finitude da morte...

E quanto mais perguntava mais ouvia explicação,
que nada esclareciam...
Mais explicações ouvia, mais confuso ficava dentro
Da minha inocência...
O que era aquilo tudo, que as pessoas explicavam

sem nada dizerem?!
Tudo era um enorme mistério a desafiar minha curiosidade...

O padre explicava de um jeito,
culpando o Demônio pelo ocorrido... E eu na minha inocência
quando ouvia esse nome fazia o sinal da cruz
e pedia a benção do padre...
Os nossos outros amiguinhos falavam em acidente...

O doutor, lá na farmácia, falava
em doença da cabeça...
outras pessoas falavam em covardia...
Outras afirmavam, que era coragem...
Tantas explicações... Tantas razões...
Tantos desencontros e tantos arremedos...

O padre, o doutor e até parentes
que chegaram da cidade grande explicavam coisas,
incabíveis, naquele pedacinho de mundo...
e eu com uma dúvida cada vez maior... E que só acalmava
com a ilusão de que, talvez, entendesse tudo quando crescesse,
e pudesse compreender a lógica daquelas explicações...
Tudo era um grande vazio... E uma tentativa de se obter
alguma explicação a qualquer custo...

Hoje ouço doutores teorizando
as razões e as causas do suicídio...
Gráficos, estatísticas e um sem-número de dados,
tudo para embasar as ditas explicações...
E eu continuo sem entender essas coisas tão difíceis
e tão complexas... E tão distantes da própria concepção da vida...

E hoje não tenho mais a ilusão
de que algum dia venha a compreender
os mistérios do suicídio... Mistérios que fascinam a tantos
estudiosos e doutores que discorrem tantas explicações sobre
a morte e o suicídio...

Na complexidade tão simples da vida...
Eu estou assim como o navegante que, embora viva no mar,
sabe que jamais irá compreender seus mistérios...

As explicações e crenças teóricas são muitas...
Mas talvez não iludam nem ao menino inocente que eu era...
E também ao menino que hoje sou...
Menino que acredita apenas na ilusão do amor...
E que perdeu totalmente a fé
nos devaneios e digressões da ilusão teórica...

Itamaracá, numa tarde azul de Outono.

Suicídio
Um breve esboço

Da vez primeira em que me assassinaram
Perdi um jeito de sorrir que eu tinha...
Depois, de cada vez que me mataram
Foram levando qualquer coisa minha.

MÁRIO QUINTANA

O suicídio, segundo Farberow[1], foi conceituado e estruturado em suas formas atuais, a partir da Segunda Grande Guerra e dos anos imediatamente posteriores. Farberow divide em três fases, terciária, secundária e primária, a prevenção do suicídio, partindo da conceituação da saúde pública e mental, que são, respectivamente, a reabilitação medicamentosa, a intervenção em crise e a prevenção precoce.

Ainda segundo Farberow, por ser a inserção da temática do suicídio em programas específicos algo recente, a saúde mental não se encontra devidamente desenvolvida nesta área, embora a partir da Segunda Guerra tenham-se processado mudanças significativas.

A situação real do pós-guerra eram milhares de jovens incapazes de trabalhar em virtude de um estresse esmagador, cujas consequências exigiam atenção pormenorizada e a efetivação de esforços, para que pudessem retomar uma condição social, digna o mínimo possível. Diagnósticos de neurose de guerra se evidenciaram, e medicamentos como amital de sódio passaram a ser utilizados, simultaneamente, a tratamentos psicoterápicos bastante intensos. A própria terapia de grupo passou por revisões de grande valia, durante a guerra. Lindiman e Kaplan *apud* Farberow[2], da Universidade de Harvard, a partir de um trabalho inicialmente elaborado para problemas como nascimento, desemprego, novas escolas, etc, sedimentaram a estrutura para uma atuação junto a crises emocionais, que levavam à perda da capacidade funcional bem como à desorganização significativa das condições existenciais.

---

[1] FARBEROW, N. L. *Suicide: Past, Present and Perspective* in *Suicide Research – Procedings of the Seminars of Suicide Research* by Yrjo Janson Foundation. Psychiatri Fennica Suplementum, Helsinque, 1976.

[2] *Ibidem. Op. Cit.*

A quimioterapia considerada por muitos como um grande advento na área da saúde mental, teve seu surgimento registrado em 1950. E as implicações de controle sobre o paciente, ainda que não apresente condições de vida na comunidade e no lar, trouxeram bastante polêmica e servira, por outro lado, como modelos de atuação. Foi apenas na década de1960 que o eminente psiquiatra inglês Ronald D. Laing, partindo de estudos minuciosos sobre filosofia existencialista de Jean-Paul Sartre, desenvolveu outras formas de intervenção e abordagem psiquiátricas diante dos chamados estados de crise. A prática por ele proposta, e que muitos definem como *antipsiquiatria*, abriu as portas das alas dos hospitais psiquiátricos e reformulou os métodos obsoletos desses tratamentos.

Torna-se interessante registrar que, a partir dessa proposta existencialista, a psiquiatria se viu não só na obrigação de se reformular como também questionar seu papel, no seio da sociedade.

Uma primeira providência foi encaminhar o tratamento de pessoas em sofrimento psíquico para fora dos muros dos hospitais e dos consultórios. A consideração do próprio contexto em que se manifestaram tais distúrbios tem conduzido a novas propostas de tratamento, que envolvem a própria comunidade e de outras formas de atendimentos, que não mais os insuportáveis choques elétricos ou a outros sistemas terapêuticos e medicamentos até mesmo desumanos. O amplo processo de desumanização da saúde mental e da psiquiatria permite uma abordagem totalmente diversa do suicídio, na medida em que considera suas vítimas segundo uma patologia social abrangente.

Farberow[3] assinala que o primeiro grande e significativo centro de prevenção do suicídio foi o da cidade de Los Angeles. E nos conta que, quando do início das atividades, não havia princípios orientadores sobre os quais o centro pudesse ser modelado. Havia isto sim, grande esforço de seus criadores no sentido de ajudar as pessoas e os pacientes que se dirigiam ao centro em busca de apoio. Segundo ele, a partir do centro de Los Angeles outros foram criados e foram fundamentados nos seguintes conceitos e princípios:

- foco na emergência imediata e em resoluções positivas com o objetivo primário de salvar vidas.

---

[3] *Ibidem. Op. Cit.*

- funcionamento adequado como centro de prevenção do suicídio, que para isto deve estar disponível e acessível à comunidade.
- envolvimentos, sempre que possível, com pessoas significativas como parentes, amigos, médicos, vizinhos, patrões e colegas de trabalho, etc.;
- manter contatos com outras entidades com a finalidade de transferir o paciente para uma ajuda terapêutica mais especifica em situações de crise;
- considerar como sendo apenas um fio da imensa rede de auxílio à comunidade e, portanto, estabelecer ligações com outras entidades para imediata transferência do paciente e trocas de informações.
- efetivar tais conceitos, há certos elementos estruturais básicos, tais como:
- o telefone deve ser um dos instrumentos terapêuticos primários, pois apresenta disponibilidade imediata de qualquer parte da comunidade;
- um serviço de vinte e quatro horas, diariamente, nos sete dias da semana, ou seja, disponibilidade a qualquer hora do dia e da noite;
- extenso uso de voluntários não profissionalizados, cuidadosamente selecionados, treinados e supervisionados e disponíveis a consultas.

Foi a partir da criação dos grandes centros de prevenção ao suicídio que ocorreu o desenvolvimento desta temática, cujas reflexões convergiram à sistematização em três grandes áreas: clínica, teórica e filosófica.

Área clínica

Concentra-se no desenvolvimento mais significativo, num passado recente. Neste sentido, se enfatiza o deslocamento da atenção para a fase *pós-crise* e o desenvolvimento de procedimentos para tratamento deste período bastante difícil. No campo específico da psicoterapia, houve o surgimento de reflexões sobre as atitudes a serem adotadas pelo psicoterapeuta, quando o paciente se referir à temática do suicídio. Bastos[4] e Angerami[5], em termos inerentes à realidade brasileira, sistematizaram uma série de pontos sobre a condução do processo psicoterápico diante dos casos de suicídio. Angerami[6] coloca que, a própria dimensão dada pelo paciente ao suicídio, necessita de uma atuação suficientemente lúcida do psicoterapeuta, para produzir à sua desmistificação e a um auxilio eficaz.

Existe, ainda, nesta área, uma controvérsia sobre a avaliação psicológica e a consequente classificação de certos pacientes como potencialmente suicidas.

Conforme Farberow[7], referindo-se a um estudo realizado por Stein em 1970, muitas pessoas que se utilizam dos serviços dos centros de prevenção não se enquadravam nos padrões de classificação nosológica propostos pela definição de Kaplan sobre crise, e não se incluíam no rol dos pacientes definidos como potencialmente suicidas. Angerami [8]defende o ponto de vista de que a categorização dos pacientes pelas entidades nosológicas e a caracterização da personalidade em nada ajudam o terapeuta, diante de uma condição real de sofrimento frente a uma existência encarquilhada pela dor.

Há estudos pormenorizados que demonstram que pessoas com constantes distúrbios emocionais e que se caracterizam, principalmente, pela dificuldade contínua de adaptação social e de reflexões interpessoais são as mais suscetíveis ao suicídio. No entanto, tais pessoas não podem ser englobadas numa categoria abrangente e definidas como potencialmente suicidas. Existe um número muito grande de fatores que incidem sobre a existência que, de um modo geral, qualquer categorização apriorística corre sempre o risco de, ao desprezar tais fatores, tornar-se mero reducionismo teórico, sem menor relação com a realidade do fenômeno.

---

[4] BASTOS, O. Ameaça de Suicídio – Atuação Psicoterápica in *Jornal Brasileiro de Psiquiatria*, vol. 32, nº 3, maio/junho 1983.

[5] ANGERAMI, V. A. A Psiquiatria Sob Sartre. Uma Psiquiatria Humana. In: ANGERAMI, V. A. (Org.). *Psicoterapia Fenomenológico Existencial*. Belo Horizonte: Artesã, 2017.

[6] *Ibidem. Op. Cit.*

[7] *Suicide: Past, Present and Perspective. Op. Cit.*

[8] *A Psiquiatria Sob Sartre. Uma Psiquiatria Humana. Op. cit.*

Wolf, citado por Farberow[9], mostra um estudo do acompanhamento de pessoas que recorreram ao centro de prevenção de suicídio de Los Angeles, o qual afirma que 29% das pessoas, que procuraram pela ajuda do centro, permaneceram em estado suicida, durante um ano após o contato e o atendimento. É difícil, no entanto, afirmar com precisão, as razões que determinam a busca deste tipo de ajuda, bem como se os conflitos originados se resolveram. Este aspecto é o mais delicado, nos estudos sobre a temática do suicídio. Clinicamente, se pode observar que o depoimento prestado por um paciente, numa primeira entrevista, adquire contornos bem diferentes, após um período de processo psicoterápico. Assim, torna-se intrincado avaliar tais depoimentos, a partir de um estado crítico em que as razões podem ser vistas não como sendo as determinantes da tentativa de suicídio, mas, muito mais, como a gota de água derramada, sobre um copo que já havia transbordado.

Farberow coloca, ainda, que os avanços na área clínica, baseados na experiência do centro de prevenção de suicídio de Los Angeles, apresentam o resultado dos vários programas efetivados, numa abordagem *pós-crise*. Segundo esses programas, existe a necessidade de se acompanhar o paciente considerado suicida crônico de alto risco, num relacionamento contínuo e durante longo período de tempo. Assim, são utilizados voluntários que o acompanham em diversas circunstâncias e situações, desde intervenções em ambientes sociais até outras consideradas como clínicas, para que não se sinta desamparado em seu sofrimento existencial. Também é de Farberow a proposta de grupos terapêuticos, visando uma abrangência maior do atendimento clínico, os quais foram definidos como grupos *drop-in*, ou grupo flutuante.

Este grupo reúne-se diariamente por noventa minutos e consiste de pessoas que foram enviadas, geralmente, pelos serviços de suporte, principalmente o telefônico. O objetivo do grupo é proporcionar um lugar onde se pode encontrar ajuda, por meio da discussão de problemas inerentes à realidade individual, não existindo, no entanto, nenhum outro compromisso do grupo além desse específico. A participação no grupo é livre, não existindo contrato de periodicidade, ou frequência. A condução

---

[9] FARBEROW, N. L. *Prediction of Suicide: a Republication Study* in *Suicide Research – Procedings of the Seminars of Suicide Research* by Yrjo Jansson foundation. Psychiatria Fennica Suplementum, Helsinque, 1976.

do grupo é feita pelos voluntários, sob supervisão direta de profissional técnico. Os resultados mostrados pelo autor indicam que muitos pacientes se manifestam satisfeitos com o funcionamento do grupo, retornando várias vezes e sentindo-se já muito mais aliviados. Segundo constatação de Farberow[10], esta falta de obrigação tem ajudado significativamente os pacientes; a participação livre, sem rigidez de um grupo constrito e fechado, permite que o paciente se beneficie dos recursos do grupo, sem sofrer a pressão existente, num processo de intervenção. Existem além desses grupos *drop-in*, outros grupos com estruturas diferentes. Nestes, estabelece-se um prazo de oito semanas, um acordo mútuo sobre o problema individual de cada paciente e a estrutura do grupo. Ao contrário dos *drop-in*, onde os terapeutas se revezam diariamente, estes apresentam sempre o mesmo terapeuta, durante o tempo que o grupo persistir.

Outra forma de grupo dentro dos padrões mais comuns, também é oferecido aos pacientes, embora se apresente mais tradicional em suas estruturas. Permanecendo, desta maneira, muitas vezes, durante anos. A este grupo são acrescidos outros dois, conduzidos por estudantes universitários e que visam a outros objetivos. Um deles é definido como grupo de expressão criativa, onde os pacientes são selecionados, segundo as dificuldades de expressão verbal e autoconhecimento. Artes, trabalhos manuais, dança e música são utilizados como recursos, para impulsionar os pacientes no desenvolvimento. O outro grupo é definido como grupo de socialização, cujos membros são selecionados de acordo com o grau de dificuldade de interação social, e apresenta objetivos concretos e imediatos: contato visual, limpeza da casa, relacionamento com parentes e amigos são itens focalizados e discutidos. Não é permitida a discussão de conflitos ou de dinâmica individual de cada paciente. Se necessário, há a possibilidade de mudanças para outras formas de grupos.

Em relação ao Brasil, em termos de atuação junto à comunidade, visando à prevenção do suicídio, temos o Centro de Valorização da Vida – CVV –, que se faz presente em praticamente todas as principais cidades do país. Atendimento ininterrupto e sempre disponível para aqueles que se encontram desesperançados. Um trabalho estupendo a levar esperança a um sem-número de pessoas desesperadas e desoladas pela vida. Trabalho

---

[10] *Ibidem. Op. Cit.*

que não encontra esmorecimento em seus membros, e que está sempre a enfrentar os desafios do desespero, de modo ímpar.

Temos em São Paulo a Porta Aberta, que igualmente acolhe o desesperançado em sua sede, no centro da capital paulista. Entidade mantida pela comunidade franciscana se esmera na condição de levar esperança e espiritualidade ao desesperado. Temos ainda a Missão Belém, que faz um trabalho junto ao desesperançado em situação de rua, grupo de pessoas em que o desespero se mistura à própria situação da brutal exclusão social de que são vítimas. Esses grupos, mesmo não sendo caracterizados como eminentemente clínicos, sem dúvida alguma, prestam serviço de relevância altíssima ao desesperançado em geral.

No âmbito da área da saúde propriamente dita, gostaria de citar alguns trabalhos da mais alta estirpe, no esteio da prevenção e pósvenção. Em São Paulo, temos o Instituto Vita Alere de Prevenção e Pósvenção do Suicídio, coordenado pela psicóloga Karen Scavacini desde agosto de 2013, que oferece serviços e atividades com o objetivo de auxiliar na diminuição dos números alarmantes de suicídio, no acolhimento dos sobreviventes (enlutados ou pessoas que se sintam impactadas por um suicídio) e na formação de profissionais para o manejo da temática do suicídio.

Pioneiro em São Paulo, o Instituto Vita Alere deu início a seu primeiro Grupo de Apoio aos Sobreviventes do Suicídio em março de 2014. Destinado aos sobreviventes, os encontros do grupo são gratuitos, confidenciais e acontecem mensalmente. Facilitado pelas psicólogas Karen Scavacini, Elis Cornejo, Luciana Cescon e outros colaboradores convidados, os encontros visam promover o acolhimento, escuta, troca de vivências, o auxílio na ressignificação da perda e a construção de uma rede de pertencimento e apoio entre os sobreviventes.

Atualmente, o Instituto possui quatro Grupos de Apoio aos Sobreviventes do Suicídio, localizados em diferentes regiões. Dois deles acontecem na cidade de São Paulo, nos bairros de Moema e Vila Mariana, um deles na cidade de Santos, no bairro Vila Mathias e o último na cidade do Rio de Janeiro, este coordenado pela psicóloga Izabela Guedes.

Em Recife, temos o Instituto Pernambucano de Práticas Psicológicas e Educacionais – IPPEP, sob coordenação dos psicólogos Lúcio Mário Silva e Neuma Siqueira tem se dedicado com bastante empenho ao trabalho de prevenção e pósvenção do suicídio. Realizam atendimentos a pessoas com ideações suicidas e possuem diversas formas de acolhimento ao desesperançado. Assim, realizam grupos de apoio aos sobreviventes do suicídio, e também apoio infantil aos enlutados pelo suicídio. Esse trabalho conta ainda com a participação dos psicólogos Anderson Santiago e Laura Graziele Silva Teixeira. E além dos atendimentos específicos às pessoas envolvidas com o suicídio, o IPPEP também realiza seminários em que a temática é discutida sempre com a participação dos mais relevados profissionais da área. Referência no Nordeste, o IPPEP, também se faz presente em eventos de envergadura nacional.

Em Maceió, temos o Centro de Amor à Vida, denominado por CAVIDA. Fundado em 2012, é uma associação civil que oferece serviços de prevenção e pósvenção à ansiedade, depressão e suicídio, em específico. Disponibiliza para a população local atendimentos gratuitos, através de sua equipe de voluntários. Todo trabalho favorece para estudos, pesquisas, assim como auxilia nas orientações para a família, escola e sociedade em geral sobre as questões do sofrimento psíquico. Esse trabalho tem como responsáveis os psicólogos Wilzacler Rosa e Silva Pinheiro, Mariana Verçosa Maranhão Lins, Paulo Roberto de Oliveira Santos e José Arnaldo dos Santos.

Em Teresina, temos três entidades envolvidas na prevenção e pósvençaõ ao suicídio. Trabalhos que igualmente dignificam a área da saúde pelo empenho e esmero de dedicação ao trabalho de ajuda ao desesperado. Temos, então, a PROVIDA Instituição Pública Municipal, que funciona como ambulatório especializado no tratamento das pessoas com comportamento suicida e prevenção do suicídio. Realiza acompanhamento psiquiátrico e psicológico. Responsável: Daniel Feitosa (Psicólogo da Equipe). CENTRO DEBORA MESQUITA Organização não governamental, que funciona como ambulatório especializado em atendimento a pessoas com comportamento suicida, no âmbito da prevenção e pósvenção do suicídio. Realiza atendimentos psicológicos, palestras, pesquisas e capacitações. Responsável: Silvia Mesquita (Presidente) e Thatila Brito (Psicóloga e Vice-presidente) HOSPITAL AREOLINO DE ABREU Hospital Público Estadual para atendimento de Urgências em Saúde Mental e Crise Suicida. Funciona 24h para urgências. Oferece acompanhamento psiquiátrico, psicológico e social. Também oferece atendimento ambulatorial com psiquiatra e psicólogo. Responsável: Ralph Trajano (Psiquiatra).

A própria mistificação do suicídio em nossa sociedade contribui para o não aprofundamento da temática nas lides acadêmicas. Basta dizer, à guisa de simples ilustração, que somente a partir de 1979 que os órgãos de imprensa começaram a divulgar notícias sobre suicídio. E mesmo as chamadas, por meio de tais órgãos, para os serviços prestados pelos centros jamais falam nesse termo, utilizando muito mais a palavra solidão, ao referir-se às pessoas que necessitam desses serviços.

Uma consulta ao Banco de Teses mostrará que o número de trabalhos acadêmicos sobre suicídio é quase inexistente, fato que revela a carência de pesquisas no Brasil sobre a temática. No entanto, os poucos existentes são alvissareiros não apenas pela abrangência, como também e, principalmente, no arrojo que apresentam.

Um avanço da área clínica é a não inclusão das pessoas que tenham o suicídio no diagnóstico de patologia mental. A sórdida realidade das grandes cidades, a solidão, e o tédio existencial, a angústia e outras formas de desespero da existência humana corroem um sem-número de pessoas. Por isso, a pessoa que envereda pelos caminhos do suicídio, não mais é vista como portadora de uma patologia ou distúrbio mental, mas é considerada em seus aspectos existenciais prementes. Angerami[11] mostra a necessidade de se repensar o panorama atual do suicídio, diante do desespero legado pela miséria econômica que assola o país. Assim, se torna difícil estabelecer a verdadeira localização da patologia que, se existe, não se concentra nas vítimas e sim numa sociedade injusta e despótica, que aprisiona as pessoas de uma maneira que, se não for considerada patológica, será ao menos considerada desumana. Assim, o suicídio ainda apresenta algozes que insistem em classificá-lo como esboço final da degeneração humana, sem se levar em conta a própria razão.

Existe também a esperança da humanização e da compreensão de seus aspectos, numa amplitude talvez ousada, mas, acima de tudo, necessária e real.

Área teórica

Aqui se concentra, seguramente, a maior riqueza no tocante à compreensão da temática. Ainda são inúmeras as correntes que abordam

---

[11] ANGERAMI, V.A. *Existencialismo e Psicoterapia*. São Paulo: Traço Editora, 1984.

o suicídio como um ato isolado e individual, apesar dos avanços teóricos que o mostram de modo mais abrangente, englobando a pessoa em todas as suas condições existenciais.

Durkheim[12], em obra publicada na Europa, no século passado, foi o iniciador da compreensão do suicídio com ideias que, primeiramente de forma sistemática, abordavam a questão em termos que, atualmente, seriam denominadas interacionais. Indivíduo e sociedade formam, para ele, um binômio indivisível. Apesar de ter perdido a relevância metodológica que gozou no passado, continua sendo uma fonte inesgotável de consulta. E mesmo apresentando limitações que, afinal, são as de sua época, ao lado dos inesgotáveis logros que ainda revestem muitas de suas páginas, não deixa de ser um verdadeiro marco em uma disciplina que, em nossos dias, alcançará um desenvolvimento surpreendente. A cultura ocidental, para Durkheim, devido a seus elevados índices de autodestruição, reveste-se de um caráter mórbido, ou seja, em definição mais atual, patológico. Exemplo da importância que esse autor ainda exerce sobre os pesquisadores, que enveredam pelos caminhos do suicídio, é sua presença sempre constante, nesses estudos. Sempre encontraremos abordagens científica ou experimental das citações de Durkheim. E, apesar de quase todas as experiências mostrarem dados que refutam as afirmações do pensador francês, ainda assim, sua importância resplandece entre todas as tentativas de rechaço à sua teoria.

Kalina e Kovadloff[13], a partir da obra de Durkheim, sistematizaram uma compreensão atual do suicídio, inserindo-a de modo vinculado aos aspectos das sociedades modernas, sem, contudo, negar a ação individual da pessoa suicida. *De maneira geral*, afirmam, a *psiquiatria, até este momento, encarou o suicídio como um fenômeno individual, entretanto, as intensas pressões que as condutas coletivas ou os fatos sociais exercem sobre nossa vida privada e profissional, permitem demonstrar, sem esforço, a insuficiência teórica e terapêutica desse enfoque individual.* Os autores definem o suicídio como uma reação psicótica e resultante de uma indução, e não apenas o resultado de uma livre determinação individual. A macrossociedade e as microexpressões desta (família) ensinam – de forma manifesta ou subliminar – os modelos

---

[12] DURKHEIM, E. *Le suicide. Étude de Sociologie.* Paris: Press-Universidade de France, 1969.

[13] KALINA, E.; KOVADLOFF, S. *As Cerimônias da Destruição.* Rio de Janeiro: Francisco Alves, 1984.

de conduta que cada pessoa adota. Se o suicida é um condenado à morte, que executa a sentença fatal com suas próprias mãos, então, é evidente que seus juízes e verdugos indiretos só podem estar *por trás* do gesto, aparentemente autônomo, que lhe tira a vida. Isso não implica presumir, é claro, que o suicida é programado como autômatos protótipos pela sociedade; há casos, porém, que induzem a crê-lo. Trata-se de autênticos protótipos de comportamento mecanizado. Exemplos convincentes do que falamos, podem ser encontrados no nazismo, no fascismo, ou no comportamento dos camicases. Porém, mais corretamente, trata-se de recordar que cada indivíduo articula à sua maneira os recursos dos quais a sociedade o dotou. O suicida não é prescindível; não é nunca o mero executor servil de uma ordem exterior às suas necessidades. Ele também é o coprodutor dessa ordem. Matar-se é uma forma, a sua forma de rebelião e submissão. Pelo suicídio agride, enquanto produz remorso e culpa: o suicídio em suma, é a resolução psicótica de uma interação criminosa. Ou, ainda nas palavras de Durkheim: *O suicídio é a trágica denúncia individual de uma crise coletiva.*

O suicídio, visto dessa forma, se torna um fenômeno individual, diferentemente dos períodos posteriores, quando foi considerado como expressão individual, com conotações coletivas, passando a ser, com nitidez cada vez maior, um comportamento coletivo, que exemplifica cotidianamente em condutas individuais.

O espectro abarcado pela complexidade da conduta autodestrutiva contemporânea é tão amplo, que só um enfoque interdisciplinar pode aproximar-se dele, com alguma esperança de êxito. Essa complexidade não deve ser subestimada em favor do enfoque especializado, mas, ao contrário, as diferentes especialidades devem compreender a necessidade de entender dinamicamente essa complexidade, sem introduzir nela cortes artificiais. Se for certa que, na atualidade, a patologia suicida é uma patologia social, então a terapêutica não pode ser, senão, comunitária. Sua prática ultrapassará o campo do consultório individual, para impor como necessário o contato médico com a família do paciente, com as autoridades políticas, educacionais e, de modo geral, com todas as áreas responsáveis e representativas da vida institucional de uma nação. Com sua morte, o suicida não diz somente que já não suporta mais a própria vida. Também fala de nós. Demonstra, por outro lado, que não podia continuar nos tolerando.

Na simples constatação da violência, que impera nas sociedades atuais, vemos claramente que nenhum indício dessa violência, seja ela representada por latrocínios, homicídios, suicídios e outros, tem a capacidade de, ainda que brevemente, causar alarido no seio de qualquer sociedade. Ou seja, o índice de violência, atualmente, é tão elevado que, ao contrário das sociedades antigas, onde a comunidade se preocupava com o comportamento individual de seus cidadãos, nada tem o poder de sensibilizar a ordem estabelecida, sejam chacinas, suicídios e até mesmo a miséria socioeconômica a que estão expostas milhares de pessoas. Pertencemos a uma época que já legitimou, culturalmente, as condutas autodestrutivas. Os vícios socializados, a exploração irracional da natureza, a crescente coisificação do próximo, e de si mesmo e o risco atômico figuram entre as dramáticas evidências de que o suicídio não apresenta, na atualidade, as características de excepcionalidade que pode ter tido em outros momentos históricos. Estabelecendo um paralelo entre o ato individual do suicida e os aspectos socioculturais, ampliamos esta circunstância ao afirmar: o suicida crê sempre, em primeira instância, ser um homem que escolhe. Ao se matar, atua em conformidade com uma decisão, que presume ser a sua. Ainda quando o trágico ato final resulta, como geralmente ocorre, de um impulso, este, em suas raízes, é fruto de uma opção original: de uma primeira resolução, que é a consequência da convicção de que viver é mais degradante do que morrer.

Para que esta escala de valores possa chegar a se estabelecer, é preciso que uma determinada experiência pessoal seja o alicerce e inspire a sua constituição. Onde o suicida aprende, que morrer é preferível a ter que viver? Quem o ensina a entendê-lo assim? Não há dúvida, nesta altura do desenvolvimento de nossas investigações, que as condutas autodestrutivas se inspiram, integralmente, nos modelos sóciofamiliares. Os pais ensinam a seus filhos os estilos, presumivelmente distintos, com os quais creem se diferenciar de seus progenitores, quando, em realidade, a imensa maioria dos casos não faz outra coisa, que imitá-los. Nada é original em sua patologia. Todos aprendemos, no nosso meio ambiente, os modelos de condutas a ser adotadas frente às emergências. Isso implica que a conduta suicida, assim como a toxicomania, a poluição ambiental, etc., respondem a uma proposta, a uma educação e que, portanto, não há menos dose de autodestruição naqueles que ensinam a se matar, do que naqueles que aprendem a morrer. Entre uns e outros, há um enlace, um vínculo de interdependência, e uma semelhança psicopatológica e social à luz da qual devemos, necessariamente, entender o fenômeno do suicídio.

Se as colocações de Kalina e Kovadloff[14] mostram o fenômeno do suicídio como mais abrangente do que um mero ato individual, por outro lado suas teorizações se tornam ainda mais incisivas, quando nos mostram que o suicídio apresenta facetas, cada vez maiores, de uma generalização eminente. O suicídio generalizado já não é, hoje em dia, uma ameaça retórica; é um futuro muito mais próximo, do que parecíamos dispostos a crer. Nada ameaça, tão gravemente, a vida do homem como o próprio homem. Por baixo do que ele chama seu projeto de vida, se pode ver, dissimulado, seu projeto de morte. Concebida, no fundo, como um projeto de devastação planetária, a cultura *desenvolvimentista* contemporânea, modularmente marcada por uma concepção alienada do uso da tecnologia, evidencia de múltiplas maneiras, a sua vontade autodestrutiva.

A própria definição de vida contemporânea, como *existência tóxica,* mostra o teor dessas colocações. A *existência tóxica* é uma maneira de viver, uma práxis, como já dissemos, e não o arremate da mesma. A existência, quando é tóxica, implica um projeto de morte, ou seja, viver se suicidando. O sujeito não termina por matar, mas termina de morrer. Ninguém nos pode assegurar que o homem não recorra a uma guerra atômica, para consumar sem delírio autodestrutivo. E dizemos consumar, porque os sintomas desta vontade suicida não começam nem se restringem à corrida armamentista. Esta não é senão a expressão mais avançada de um processo de devastação planetária, cujas origens remontam à Idade Moderna e cujas manifestações contemporâneas são múltiplas e simultâneas. Falamos de aglomeração urbana, da toxicomania, dos vícios socializados, da poluição. Eles constituem o variadíssimo repertório de condutas autodestrutivas francamente psicóticas, que no contexto deste momento histórico de profundo extravio moral, são considerados legitimamente normais

Num contraponto existencial, com as colocações de Kalina e Kovadloff, podemos colocar as afirmações de Sartre[15] sobre o projeto do

---

[14] *Ibidem. Op. Cit.*

[15] SARTRE, J. P.; FERREIRA, V. *O Existencialismo É Um Humanismo.* Lisboa: Editoria Presença, 1970.

homem sobre sua própria vida: *O homem, tal como o concebe o existencialista, se não é definível, é porque primeiramente não é nada. Só depois será alguma coisa e tal como ele se concebe depois da existência, como ele deseja após este impulso para a existência: o homem não é mais do que ele faz. O homem, antes de tudo, é o que se lança para um futuro, e o que é consciente desse projetar no futuro.* Ou seja, somos responsáveis pela destruição de nossas vidas de modo consciente e real. E não é possível negar nossa participação, até mesmo pela simples omissão, na construção desta sociedade injusta e despótica, que, em última instância, destrói não apenas nossos sonhos de uma existência plena, mas, também, a condição de vida de nossos filhos. Ou, ainda, nas palavras de Nietzsche[16]: *Morrer de um modo ativo, quando já não é possível viver dignamente. A morte escolhida voluntariamente, a morte em tempo oportuno, com clareza e serenidade.*

Suicida é o homem capaz de se defender de concepções de vida aniquiladoras: mas também estas concepções são seus promotores. É preferível, por isso, falar de culturas suicidas, ainda que por isso não confundamos suas partes constitutivas nem deixemos de reconhecer as diferenças existentes entre seus elementos protagonistas. O homem que se mata faz porque está previamente condicionado e é constantemente estimulado, para adotar comportamento previamente autodestrutivo. O suicida é um homem preparado de antemão, para terminar como termina. E de Sartre é a colocação determinante: *O essencial não é aquilo que se fez ao homem, mas aquilo que ele fez daquilo que fizeram dele.*

Cabe dizer que o suicida faz algo com o que fizeram dele.

A pessoa que recorre ao suicídio, na maioria das vezes, em sua busca, não tem o conceito de morte que implica o desaparecimento real e fatídico. Em suas atitudes, busca mais um possível paraíso, a reencarnação, o crime, o castigo, a fusão com o todo. Torna-se muito difícil a asserção de que a pessoa, ao buscar o suicídio, busca a morte. Embora tal colocação pareça se revestir, inclusive, de erro semântico, percebemos que a busca do suicídio é muito mais uma tentativa de se resolver determinados conflitos, bem como o emaranhado de sofrimentos em que a existência muitas vezes se encontra. A morte surge como sequência e não busca deliberada. Ouvimos inúmeros relatos de pacientes que manifestaram

---

[16] NIETZCHE, F. *O Ocaso dos Ídolos*. São Paulo: Nova Cultural, 2005.

que aquilo que menos desejavam era morrer, mas o suicídio era, por outro lado, a única alternativa cabível em suas vidas. É fato que sempre existem inúmeras alternativas, diante das situações de sofrimento, que possam estar incidindo sobre uma determinada vida. Ocorre que existe uma total obnubilação da consciência, que impede que sejam buscadas alternativas que não a própria morte.

Neste ponto, é necessária uma reflexão, pois a própria conceituação de morte varia, de acordo com as peculiaridades individuais. A crença na vida pós-morte, por exemplo, dá outra dimensão ao suicídio do que a simples conceituação que o estabelece como o fim de determinados sofrimentos. Sartre[17] coloca que toda tentação de considerar a morte como um acorde de resolução, ao final de uma melodia, deve ser rigorosamente afastada. Frequentemente, ouvimos dizer que estamos na situação de um condenado entre condenados, que ignora o dia de sua execução, mas, que vê executar cada dia a seus companheiros de presídio. Isto não é inteiramente exato: melhor seria a comparação a um condenado à morte, que se prepara valorosamente para o último suplício, e que põe todos os seus esforços e cuidados, para desempenhar um bom papel no cadafalso e que, entretanto, é arrebatado por uma epidemia de gripe espanhola. É o que compreende a sabedoria cristã, que recomenda preparação para o ato de morrer, como se a morte pudesse sobreviver a qualquer hora. Assim, se espera recuperá-la metamorfoseando-a em morte esperada. Com efeito: se o sentido de nossa vida se converte em espera da morte, esta, ao sobreviver, não pode ser outra coisa, que a própria marca da vida. São conselhos mais fáceis de dar, do que seguir. Não a causa de uma debilidade natural da realidade humana ou de um projeto originário de inautenticidade, mas a causa da morte mesmo. De fato, um pode esperar uma morte particular, mas não a morte.

Para Sartre[18], é a morte a ocorrência que determina o fim da existência e de todos os projetos elaborados, não podendo, portanto, fazer parte da vida, nem de forma existencial, nem tampouco de forma teórica. Angerami[19], refletindo sobre as colocações sartrianas a respeito da morte afirma: a existência humana sofre perda de continuidade com o ato de

---

[17] Sartre, J. P. *El Ser Y La Nada*. Buenos Aires: Editorial Losada, 1981.

[18] *Ibidem. Op. Cit.*

[19] ANGERAMI, V. A. *Psicoterapia Existencial. Noções Básicas*. Belo Horizonte: Artesã, 2017.

morrer. A morte tem a condição de determinar à existência o fim dos devaneios, planos e ilusões. E, apesar de todas as tentativas humanas no sentido de nadificá-las, a morte é a ocorrência mais concreta da existência humana, determinando muitas vezes, a condição de absurdidade da vida. A transparência dos fatos e a própria dimensão do ato de morrer, ao ser trazido à consciência, determina o esteio sobre o qual a vida é sedimentada. Numa simples projeção, e para ter uma ideia do alcance desse posicionamento, é praticamente impossível pensar-se de que forma seria a existência sem a morte. Se não existisse a possibilidade de morrer, então seguramente, teríamos de conceber uma forma de existência sequer tangível pela razão e, portanto, pela não razão.

Há, ainda, muitas teorizações sem a menor fundamentação e totalmente desprovidas de razão. Exemplo disso é afirmação de Boss[20], autor que parece não ter a menor consciência crítica em termos ideológicos – de que alguns pacientes, quando submetidos a processos psicoterápicos, se não forem atendidos em seus desejos, podem cometer o suicídio. Ora, tal afirmação é, no mínimo, inconsequente, em relação às anteriores. E neste aspecto do conceito do suicídio como um ato isolado, o imenso emaranhado de teorizações é explorado a partir do ponto de vista de cada autor, sem relação ou ponteamento com outros fatos. Para efeito ilustrativo dessas colocações basta uma simples busca às publicações sobre a temática de suicídio. A simples e redundante situação de dramatizar relações objetivas ou interações do suicida em seu sofrimento não é citada nesses trabalhos, preferindo seus autores incursões muito teóricas e distantes de uma análise real do fenômeno do suicídio.

Essa tendência de sempre se buscar uma *causa* para o fenômeno do suicídio também me ocorreu, no início de minha trajetória profissional. Assim, minhas primeiras publicações também apresentavam dados numéricos, situando os diferentes tipos de tentativas de suicídio e suas possíveis *causas*. Na verdade, quando o paciente afirma ter tentado se matar em razão de problemas conjugais, desemprego, desavenças familiares ou outras, ele mente. Mas não uma mentira deliberada, com intenção de enganar o profissional da saúde. Na realidade, ele mesmo acredita

---

[20] BOSS, M. *Entrevista com BOSS*. São Paulo: publicação da Associação Brasileira de Análise e Terapia Existencial, 1979.

que tentou se matar em razão da *causa* que relata. No entanto, depois de tantos anos na lida com pacientes envolvidos com essa temática, podemos afirmar que não existe *causa* para a tentativa de suicídio, ou mesmo o suicídio consumado. O que provoca os atos envolvendo suicídio é a total falta de sentido para a vida. Aquilo que é definido como causa, na verdade, é a gota de água em um copo que de há muito já transbordou. Houvesse sentido de vida e a separação amorosa, desemprego e outras *causas* evocadas, certamente provocariam sofrimento e até mesmo situações de desespero, mas não seriam determinantes, para se buscar a morte, através do suicídio.

Modernamente, o suicídio não deixou de ser entendido como um ato pessoal, como ação do indivíduo. Contudo, sua significação ultrapassa, na atualidade, aqueles que o protagonizam, para envolver a comunidade em cujo seio ocorre. Em cada sujeito que se mata, fracassa uma proposta comunitária. Obviamente, essa proposta é antes de tudo grupal e atinge, especificamente, a família. Dizemos, por extensão, que é comunitária, porque entendemos a família como expressão pormenorizada de alternativa e condutas sociais. Não se trata de um projeto coletivo posto ao alcance do indivíduo, e elaborado por ele por intermédio da família, educação e trabalho. Ali, onde os suicídios são frequentes e numerosos, cabe reconhecer que se está ante uma sociedade com alto potencial autodestrutivo. Com isso queremos dizer que, assim como há uma profunda correlação entre a pessoa que se mata e a família dessa pessoa, assim também existe entre esse sujeito e a sociedade em que vive e morre.

Kalina e Kovadloff[21] asseveram que a sociedade propõe ao indivíduo uma ordem alienada: pede-lhe que mude, para adaptar, que se adapte para obedecer, que obedeça para que nada se altere, senão em função dos interesses daqueles de detêm o poder político e econômico. Quando ele descobre a injustiça, deve aceitá-la; quando aprende o valor das perguntas, é advertido, simultaneamente, sobre a necessidade de calar. Suas contradições não são toleradas, porque não há tempo para recursos efetivos, para lhe dar o apoio de que necessita. Sua solidão lhe oferece duas saídas definidas, encontrar um paliativo artificial ou renunciar à vida. Como se vê, a opção é drástica. Pede-se-lhe, que escolha

---

[21] *As Cerimônias da Destruição. Op. cit.*

uma das duas formas de autosacrifício: o suicídio coletivo, socialmente legitimado (alienado, vícios, submissão ideológica), ou o suicídio pessoal que, entre outras formas, pode assumir, perfeitamente, a de qualquer dos extremismos políticos e ideológicos aos quais estamos tão acostumados em nossa época.

O suicídio é um fato que não pode ser analisado isoladamente, sem com isso se incorrer em um erro, que por si afasta a possibilidade de uma compreensão real. Se observarmos o semblante das pessoas a andarem apressadas nos centros das grandes cidades, teremos a convicção de que o sofrimento, que aniquila o homem contemporâneo, é maior do que o proposto pelos especialistas do comportamento em seus estudos.

Suicídio, desespero solidão. Temas tão inerentes à realidade atual, que se torna praticamente impossível não se falar da existência humana, sem tocar ainda que tangencialmente, em seus significados.

Ou, ainda confirmando estas posições com as palavras de Durkheim: *Se nos matamos mais que ontem, não é porque temos de fazer, para nos manter, esforços mais dolorosos, nem porque nossas necessidades legítimas estão menos satisfeitas: mas é porque já não sabemos o sentido de nosso esforço.* O suicídio caracteriza-se, assim, como um fenômeno de dimensões sociais, que transcende os limites meramente pessoais.

Trata-se de um comportamento anteriormente definido como patológico, que assumiu, na sociedade atual, o caráter de normalidade. O mundo contemporâneo assumiu, francamente, suas tendências destrutivas.

Levando-se, por outro lado, o ponto central de análise para o campo individual, ainda se corre o risco de se isolar a pessoa de um contexto mais amplo. Se o suicídio pode ser consequência de um enfraquecimento profundo da autoestima, uma sociedade, que contribui para a despersonalização crescente de seus integrantes, pode fomentar a proliferação de patologias suicidas. O homem que se mata, se liberta de uma ausência intolerável. O suicida é hoje a expressão radical de uma crise de total aniquilamento da condição humana. A autoagressão possui matizes incontáveis. Pode-se traduzir na falta de cuidados com uma úlcera; no consumo de quarenta ou mais cigarros diários; na ingestão de álcool, em quantidades abusivas; no trabalho maquinal e sem limites; em excesso na comida. Com seu comportamento, o suicida manifesta o veredito que decretou seu fracasso social: não há lugar para ele. Por meio de morte, redime seu ser da frustração de ser.

Angerami[22], refletindo sobre a ontologia fenomenológica de Sartre, coloca: Sartre define a existência em duas categorias: o *em si* (en-soi) e o *para si* (pour-soi). O *em si* seria correspondente ao universo das coisas materiais (objetos, árvore, etc.). O *em si* assim define coisas que se encontram fora da pessoa, tendo existência em si de modo temporal. O *para si* é o mundo da consciência – a existência por si mesma, a realidade humana. Sartre não crê na existência de uma natureza humana, embora não negue uma condição humana válida universalmente. Além disso, se é impossível achar cada homem uma essência universal que seria a natureza humana, existe contudo uma universalidade humana de condição. Não é por acaso, que os pensadores de hoje falam mais facilmente da condição do homem, do que de sua natureza. A consciência, por outro lado, seria um ser *para si*, por ser autorreflexiva e pensar sobre si mesma. Dessa maneira, meu olhar confere sentido real *em si* e mediante o qual o converte, num objeto coisificado. E, do mesmo modo, o olhar do outro faz da minha pessoa um *em si,* coisificando minha existência. Essa coisificação torna-se real, inclusive, num processo da própria pessoa consigo. É dizer que, ao conceituar alguém como personalidade suicida, ou mesmo como suicida, estou conferindo um determinante de coisificação, que irá estigmatizar essa pessoa, de modo irreversível. Coisificado como suicida, com todas as implicações que essa conceituação confere em nosso seio social.

Para se exterminar, é preciso se conhecer, conscientemente ou não, como outro. O derradeiro atentado só pode cometer, quando a *vítima* já não é identificada pelo agressor consigo mesmo, mas com o outro depreciado e desqualificado, que está contido nele e não diferenciado. Esta despersonalização do suicida encontra, no processo construtivo da vida urbana contemporânea, um correlato parcial muito importante, cuja compreensão contribuirá para uma melhor caracterização do problema, que discutimos. Na medida em que o outro se converte num objeto, a coisificação se torna não apenas avassaladora como, também, inócua, em termos de significação dos anseios existenciais. O outro se converte num objeto, que é o modo que corporifica sua ausência ou intranscendência. Como objeto, o outro constitui um bem de uso, uma ferramenta

---

[22] *Psicoterapia Existencial. Noções Básicas. Op. cit.*

de aplicações muito boas. Pode ser nosso escravo, uma arma política, o depositário passivo de nossas ansiedades sexuais, nosso dependente, nosso devedor, nosso credor, nosso cúmplice ou nosso inimigo. O oposto desse aniquilamento do outro é minha própria solidão.

Sartre[23] coloca a necessidade de repensar-se as condições de estruturação do Estado, para se obter uma existência digna. A sociedade moderna tem, por este aspecto, uma estruturação definida, sob condições opressoras, que lega ao homem um sofrimento aos seus aspectos inerentemente humano.

Eles são, em essência, a crescente indiferenciação interpessoal, o limiar cobrado pelas pautas massivas de comportamentos e a função primordialmente tutelar e repressiva, que o Estado exerce sobre os cidadãos de quase todo o mundo. Sobre a base dessa indissociável unidade de fundo que envolve os dois movimentos em questão, final do século XIX, época do surgimento da obra de Durkheim, e a contemporaneidade se pode perceber um agravamento da atomização individual e ainda um maior despedaçamento do intercâmbio criador entre a pessoa e a comunidade tal como ela é representada pelo Estado. Assim como as formas de se conceber e expressar o amor à vida se modificam de época em época, as práticas suicidas e os mecanismos gerais de indução ao comportamento autodestrutivo também se transformam com o tempo e as circunstâncias. A tendência matar e morrer não se coloca manifestamente da mesma forma que ontem. Enquanto desenvolvem uma retórica pacifista, os Estados industrializados, e inclusive, alguns em processo de industrialização, lutam pela incorporação da energia com fins bélicos.

E se a compreensão real do suicídio exige o enredamento dos vários fatores inerentes à existência humana, a inextricabilidade do fenômeno nos remete à necessidade de análise criteriosa, com o risco de perdermos sua essência. Hoje em dia, os traços de manifestações suicidas são coletivos. É a civilização inteira, e já não este ou aquele entre seus integrantes, a que dá mostras, cada vez mais evidentes, de ineficácia, para conter a proliferação de seus produtos autoaniquiladores. Primeiro serviço que a psiquiatria contemporânea deve prestar à humanidade,

---

[23] Sartre, J. P. *Crítica De La Razón Dialéctica*. Buenos Aires: Editorial Losada, 1969.

é o de enfatizar, tantas vezes quantas necessárias, este caráter coletivo, generalizado das condutas autodestrutivas. Não pertencem a uma sociedade sadia, bem integrada, dentro da qual irrompem, como autênticos casos de patologia individual ou como francas raridades, alguns indivíduos que querem se matar ou que se de fato chegam a fazê-lo. Pertencemos, ao contrário, a uma sociedade profundamente conflitiva, institucionalmente debilitada.

A autoestima, tão presente na questão do suicídio, é outro dado de fundo social e está diretamente ligada aos padrões de êxito impostos pela sociedade. Este sentimento dificilmente advém de convicções próprias ou de crenças nos próprios valores pessoais. Ao contrário, trata-se de sentimento gerado a partir daquilo que outros, uma parcela de representação social, determinam e julgam a uma dada pessoa. Sem esse julgamento, cairíamos na ambiguidade de se tentar a compreensão do suicídio, de modo atomizado e sem envolvimento dos diversos tentáculos, que o envolvem. E se o suicídio é considerado a despersonalização da pessoa, isso faz com que seja determinado pelas premissas existente, sobre o sentimento social de tais afirmações e inserções.

A morte não é livre determinação de nosso ser, não pode terminar nossa vida: um minuto a mais ou a menos por acaso tudo poderia modificar, se este minuto fosse agregado ou quitado por minha conta, ainda admitindo que livremente dele, o sentido de minha vida me escapa. A morte cristã provém de Deus: ele elege nossa hora: e, de um modo geral, sei claramente que, ainda se sou eu que, me temporalizando faço que tenha l minutos e horas, o minuto de minha morte não está fixado por mim: as sequências do universo o decidem. Sendo assim, não podemos dizer nem sequer que a morte confere à vida um sentido, isso não pode provir senão da objetividade mesmo. Posto que morrer não aparece sobre o fundamento de nossa liberdade, não pode senão quitar da vida toda significação. Se sou espera de espera e se, de golpe, o objeto de minha espera última e que mesmo que suprimidos, a espera recebe retrospectivamente caráter de absurdo. Em vão seria recorrer ao suicídio, para escapar a esta necessidade.

O suicídio não pode ser considerado como um fim de vida da qual eu seja o próprio fundamento. Sendo ato de minha vida, de fato, requer uma significação que somente o porvir pode conferir: mas como é o último ato de minha vida se delega a si mesmo esse porvir, e permanece, assim, totalmente indeterminado. De fato, se salvo a vida ou falho não se julgará mais tarde meu suicídio como covardia?! Não poderá me mostrar o acontecimento, que eram possíveis outras soluções?! Mas, como estas soluções não podem ser senão meus próprios projetos, podem aparecer somente se sigo vivendo. O suicídio é um ato revestido pela absurdidade, que faz naufragar minha vida no absurdo. Estas observações, como se notará, não resultam da condição da morte, mas ao contrário, da consideração da vida: precisamente porque o *para si* é o ser para o qual em seu ser, é questão de seu ser, porque é o ser que reclama um depois, não há lugar algum para a morte no ser, que ele é *para si*. O que poderia significar, então, uma espera de morte senão a espera de um acontecimento indeterminado que reduzirá toda espera do absurdo, incluída a morte?! A espera da morte se destruiria a si mesma, pois seria a negação de toda a espera. O meu projeto em direção à morte é compreensível, suicídio, martírio, heroísmo. Mas não o projeto em direção à minha morte como possibilidade indeterminada de não realizar mais presença no mundo, pois tal projeto seria destruição de todos os projetos. Assim, a morte não pode ser minha possibilidade própria: nem sequer pode ser uma de minhas possibilidades.

As teorizações que determinam ao suicídio a condição de ato isolado resultam, em última instância do distanciamento do próprio fato em si. Ou nas palavras de Laing e Cooper[24], *é possível elaborar teorias resultantes de diferentes níveis de abstração e extrapolação da plena concretude humana. É possível termos uma teoria da mente desligada do corpo, uma teoria do comportamento desligada da experiência, uma teoria do individuo desligada da sociedade, uma teoria da sociedade desligada do indivíduo, uma teoria das pessoas ou sociedade desligada do mundo material.* Sartre[25], de outra parte, considera as diversas teorias da sociologia, da antropologia e da psicanálise como realizações mais ou menos parciais de um momento da dialética. Já que não são compreendidas por meio da razão dialética, são ampliadas para teorias totais e entram em inevitáveis contradições, que seus autores procuram resolver por meio de hipóteses *ad hoc*, ou simplesmente ignoram. Assim, uma teoria global da sociedade será elaborada a partir do conflito de

[24] LAING, R. D.; COOPER, D. F. *Razão e Violência.* Petrópolis: Vozes, 1976.

[25] *Critica de La Razón Dialéctica. Op. Cit.*

classes, sem que qualquer compreensão adequada das próprias classes seja criada por meio de um prévio início dialético com a práxis.

E assim é: a completa compreensão de um fenômeno humano seja o suicídio, homicídio, doenças mentais e outros, não pode prescindir de uma abrangência que, inclusive, concretiza este fenômeno.

Área filosófica

O suicídio é um ato que sempre é revestido de muita violência. Até mesmo quando o ato é fulminante e a princípio sem qualquer sinal aparente de dor física, ainda assim, a violência é eminente, transcendendo toda e qualquer conceituação. E, se o suicídio apresenta marcas tão profundas e verdadeiras, quando de seu questionamento, indica que a própria estruturação dos valores sociais é colocada em risco, diante de seu surgimento. Camus[26], refletindo sobre o problema do suicídio, assim coloca: *Só há um problema filosófico verdadeiramente sério: é o suicídio. Julgar se a vida merece ou não ser vivida é responder a uma questão fundamental da filosofia. O resto, se o mundo tem três dimensões, se o espírito tem nove ou dez categorias, vem depois. São apenas jogos: primeiro é necessário responder.*

A destrutividade determinada pela estruturação das sociedades contemporâneas seja capitalista, ou socialista, lega ao homem uma condição de desespero ímpar. Tal fato associado a sofrimentos inerentes à condição humana – angústia, solidão, tédio existencial e outros – dão à vida uma conotação de absurdidade que supera os próprios escritos existencialistas, que refletem sobre o sentido da vida. A questão levantada por Camus, se a vida merece ou não ser vivida, torna constrita a reflexão diante do sofrimento cáustico do homem contemporâneo. Nesse sentido, pormenorizar a discussão acadêmica sobre o que, muitas vezes, torna certos atos de suicídio toleráveis, em que condições a vida passa a ser tolerável, e ao contrário, quais determinantes tornam a existência insuportável. Exemplo dessa citação é a tolerância com o suicídio de pacientes portadores de insuficiência renal crônica, e que foram submetidos a tratamento de hemodiálise. Esses pacientes recorrem

---

[26] CAMUS, A. *Le Mythe de Sisyph*. Paris. Gallimard, 1952.

ao suicídio numa proporção quatrocentas vezes maior do que o restante da população. Ao se levar em conta as condições de vida desses pacientes, o suicídio passa a ser considerado normal e até mesmo tolerável. O mesmo sentimento de tolerância também será encontrado com pacientes diagnosticados com câncer e outras patologias cujo horizonte imediato é a terminalidade.

Se, por um lado, o sofrimento físico extremado é passível de resolução, por meio do suicídio, a falta de sentido de vida não apresenta essa mesma circunstância. A principal diferença nesse tipo de tolerância reside no fato de que o sofrimento físico adquire contornos imprevisíveis frente àqueles tidos como existenciais. Estes estão incorporados à existência do homem contemporâneo e não justifica o suicídio diante das agruras que possa provocar. E isso apesar de que, muitas vezes, o sofrimento existencial aniquila com muito mais intensidade que o sofrimento físico. Ainda assim, a tolerância para o suicídio repousa apenas naqueles casos em que a pessoa se apresenta como portadora de doenças degenerativas. O número de pacientes portadores de câncer, que recorrem ao suicídio, igualmente, é altíssimo. E se não pode ser comparado com o número de pacientes submetidos ao tratamento de hemodiálise, é significativo, se comparado com outras parcelas da população.

Guillon e Bonniec[27] refletiram sistematicamente sobre o direito das pessoas em recorrerem ao suicídio, como alternativa aos sofrimentos de que padecem. Inclusive, dedicam um capítulo especial sobre os meios mais eficazes para se morrer. Partindo da premissa de que somos constantemente assassinados pelo Estado, chamam pelo direito à vida e consequentemente pela deliberação circunstancial da morte. Repetem-nos sem cessar que vivemos numa democracia. Todo o poder para o povo! A ideia nasce na Atenas de Péricles, onde, já então, nem as mulheres nem os escravos participavam na vida da cidade. A democracia é, desde a origem, uma boa palavra para o poder. Não passa de uma das modalidades de opressão exercida desde o século XIX pela burguesia industrial. Não existe, em lugar nenhum, uma *verdadeira, boa* ou *real* democracia como acreditavam os democratas de esquerda. A facilidade com a qual eles outorgam a garantia democrática a regimes que assassinam os

---

[27] GUILLOM, C.; BONNIEC,Y. *Suicídio. Modo de Usar.* São Paulo: EMW Editores, 1984.

revolucionários presos, República Federal da Alemanha, Espanha, como mera citação, mostra a fragilidade desse conceito decadente.

O suicídio é um fenômeno que atinge a todos, indistintamente. E se a configuração de uma dada sociedade enfatiza determinados tipos de ocorrência, isto não implica que eliminadas tais determinantes acabaremos com o suicídio como ocorrência social. Alguns teóricos afirmam que o suicídio é uma epidemia contagiosa, que se alastra no seio da sociedade, quando divulgado. O suicídio é uma temática que não pode ser confirmada a tais asserções, com o risco de se incorrer em erro.

O suicídio se espalha como a peste, as doenças da alma matam de modo tão certeiro como outras. A ideia de contágio é simples, tranquilizante, permite visualizar um fenômeno que seria inexplicável de outra maneira. Além disso, é *científica*. Na verdade, a medicina até hoje sabe pouco coisa dos mecanismos que ela, por comodismo, reúne num mesmo conceito de contágio. As doenças mais temíveis, como a sífilis, AIDS, dengue entre outras, não se transmitem, automaticamente. A noção de *portador sadio* que veicula o vírus, e o transmite eventualmente, sem sofrer nenhuma perturbação, é tranquilizadora. Cada um de nós é portador de uma doença ou de centena delas. Na realidade, a noção de *portador sadio* contradiz a representação corrente da doença. Ela vem primeiramente preencher o vazio de um raciocínio científico incapaz de descrever e muito mais, ainda, de explicar a doença. Admitamos que o contágio se reduza à probabilidade para um indivíduo de provocar num terceiro o começo de uma doença, que não o atinge obrigatoriamente, sem que possamos determinar quem será contaminado e como isso se passará. Então, podemos, também, admitir essa possibilidade em relação ao suicídio. Isso não nos compromete.

O suicídio balda todos os meios, que vão ao encontro de sua real prevenção, desde os tidos como científicos até outros. Sua ocorrência desmorona todas tentativas de preveni-lo, as tornando meros e vãos ensaios teórico-sociais. Como todas as medidas curativas ou preventivas, se revelam inúteis, o suicídio continua a ser um valor seguro de delírio pseudocientífico. Cada época coloca nela seus fantasmas e suas obsessões. Em 1840, o cirurgião Forbes Wilson, *apud* Guillon e Bonniec[28]

---

[28] *Ibidem. Op. Cit.*

atribui o aumento de suicídio à difusão das ideias socialistas, à unidade atmosférica, assim como a certo vício secreto que, receamos, é praticado em grande escala nas nossas escolas de ensino secundário. Ainda é frequente, nos meios midiáticos, a informação de que a publicidade do suicídio aumenta o número deles. Dessa maneira, se pode inferir que a ausência de divulgação dos casos efetivados diminuiria sua ocorrência. Nada mais falso e simplista. Afirmam, ainda, que os acidentes de carro também aumentam, após a publicação de um caso de suicídio; logo, os acidentes de carro excedentes são suicidas. A cada século, seu vício secreto.

Em termos específicos de Brasil, temos uma colocação de Paiva[29], que vai perfeitamente ao encontro de tais citações. Discorrendo sobre as diversas causas do suicídio, coloca: *A mensagem bruxa é uma comunicação transmitida de maneira negativa, sentida, portanto, como censura e condenação com o poder de maldição, sempre de pais para filhos. Consideramos que este conceito pode ser ampliado a outras situações como no caso de terapia de grupo ou mesmo entre indivíduos em que outras situações não terapêuticas. A nosso ver, a mensagem bruxa é sempre inconsciente, com predomínio do instinto de morte, embora, às vezes, possa estar sob influência libídica. Sob o ponto de vista analítico, a mensagem bruxa é o resultado da introjeção de objetos tanáticos: o indivíduo, que manda a mensagem bruxa, age de acordo com os sentimentos agressivos destes objetos: outras vezes, há excesso de identificação projetiva destes objetos, que tanto podem ser os pais como qualquer indivíduo, transformadores em objetos bizarros, ao quais se tornam perseguidores internos, por ter adquirido poder de maldição.* E para melhor enfatizar essas afirmações, coloca: *Em nossa experiência, sentimos a mensagem bruxa pelas situações objetivas dos pais dizendo: "Você está com o diabo no corpo"; a criança sente-se com o próprio e age como tal, fazendo peraltice e tomando atitudes antissociais. Os pais dizendo aos filhos: "Você, continuando dessa maneira, não dará nada na vida; você é um vagabundo; não acredito em você, o que você fez até hoje é besteira etc.", estão revelando não acreditar neles. Os pais, dizendo estas frases aos filhos, podem ter boas intenções conscientes (carga libídica) porém, inconscientemente, estão sob o predomínio do instinto de morte. A origem do desenvolvimento do caráter e de saúde mental está em rica e frutífera comunhão, de infinitas formas, entre mãe-filho, pais e irmãos. Fantasias inconscientes podem surgir, portanto, nos períodos de molde e serem produtoras de sentimentos agressivos ou de culpa, acarretando*

---

[29] PAIVA, L. M. *Depressão e Suicídio*. Rio de Janeiro: Imago, 1980.

assassinatos ou depressões e suicídios. Como diziam os mais antigos, papel aceita tudo, e, simplesmente, temos uma explicação da ocorrência do suicídio, emergida apenas de um devaneio teórico, que não precisa tocar a realidade dos fatos sequer tangencialmente. Da mesma forma como esse postulado mostrado acima, iremos encontrar outros tantos autores que explicam o suicídio a partir de digressões pessoais, sem muitas vezes terem a mínima noção do desespero e da violência contidos em sua ocorrência. E ainda que consideremos a necessidade de muitos teóricos para explicar, de todas as maneiras, as diferentes ocorrências da vida humana, tais divagações em nada contribuem, na medida em que não tocam, sequer tangencialmente, o fenômeno do suicídio em suas raízes. Impressão que se tem é que a necessidade de explicação do fenômeno do suicídio faz com que muitos teóricos se arvorem em tecer articulações, que não apenas distam do fenômeno em si, como parece remeter a outras ocorrências da vida humana.

A violência, por outro lado, presente nos atos de suicídio, mostra que uma reflexão sobre sua ocorrência irá determinar novos parâmetros. Segundo Sartre[30], a violência se dá sempre como uma contraviolência, quer dizer, como uma resposta à violência do outro. Esta violência do outro só é uma realidade objetiva, na medida em que existe em todos, como motivação universal da contraviolência. É simplesmente, o insuportável fato da reciprocidade e da utilização sistemática da humanidade do homem, para realizar a destruição do humano. A contraviolência é exatamente o mesmo enquanto processo de voltar a por em ordem, enquanto resposta a uma provocação: ao destruir a humanidade do contra-homem, na verdade só posso destruir nele a inumanidade do homem e realizar em mim sua humanidade. Se a questão é matar, torturar, subjugar ou simplesmente confundir, meu fim é suprir a liberdade estranha com força inimiga, que dizer como a força que pode me rechaçar do campo prático e me fazer um homem excedente, condenado a morrer. Dito de outra maneira, desde que ataco ao homem enquanto homem, ou seja, enquanto livre práxis de um ser organizado; no inimigo odeio ao homem, e nada mais que ao homem, isto é, a mim mesmo, enquanto outro e a mim a quem quero destruir nele, para impedi-lo que me destrua realmente em meu

---

[30] *Critica De La Razon Dialectica. Op. cit.*

corpo. Mas, estas relações de exterioridade em reciprocidade se complicam com o desenvolvimento da práxis, que estabelece a reciprocidade em sua forma negativa de antagonismo, a partir do momento em que se desenvolve uma luta real. Partindo das necessidades concretas da estratégia e da tática, estamos obrigados a perder, se não reconhecermos o adversário como outro grupo humano capaz de tentar armadilhas, de descobri-las, de deixar-se cair em algumas delas.

A violência é uma manifestação inerentemente humana, tornando tarefa árdua a tentativa de questionar seu surgimento no seio das reflexões contemporâneas sobre sua ocorrência. Na medida em que o suicídio é um ato revestido de muita violência, seu esboço torna-se ainda mais abrangente, por tratar-se de um processo de autodestrutividade. Uma forma que, se não for mais aviltante que outras manifestações de violência, é seguramente a mais polêmica e que encerra em si, todas as angústias e sofrimento do homem atual.

Como vimos anteriormente, o suicídio é apenas uma manifestação individual de uma destrutividade, institucionalizada por uma sociedade destruidora, na qual a violência adquire contornos de uma manifestação suicida de uma sociedade delirante. Angerami[31] coloca que o próprio lazer das pessoas, de um modo geral, apresenta índices elevados de destrutividade. E mesmo as formas mais simples de relação interpessoal irão apresentar a violência como um parâmetro da situação delirante, que vivemos na atualidade. Se a sociedade como um todo, quer seja capitalista ou socialista, apresenta sinais alarmantes de patologia em todos os níveis, o suicídio pode se apresentar perfeitamente como forma de manifestação deste delírio. O questionamento de Camus torna-se inócuo, diante de fatores eminentemente sociais como a fome, a miséria e outros de caráter existencial, a solidão, angústia e o tédio. No trecho do trabalho sobre uma das manifestações suicidas da sociedade, Angerami[32] coloca que até mesmo morrer se torna insuportável. E assim é, a violência e o suicídio são fatores interligados de uma mesma manifestação, o desespero humano.

---

[31] ANGERAMI, V. A. Como Uma Sociedade Suicida Aniquila Suas Vítimas: A Saúde Mental no Brasil. In: ANGERAMI, V. A. (Org.). *Crise, Trabalho e Saúde Mental no Brasil*. São Paulo: Traço Editora, 1988.

[32] *Ibidem. Op. Cit.*

Ao se conceber a morte como alternativa de dignidade, frente aos abusos cometidos pela sociedade, nada mais fazemos do que criar uma condição humana. Tendo passado pela escola, não precisamos de mais nada para julgá-la. Sim, a escola mata, assim como a família, o Exército e o resto. É o fato de não poder viver que leva a morrer. Construtores deste mundo, juízes de ordem moral, quando seus filhos nos deixam, calem a boca! O cíclico de jornal que vocês colocam, toda vez, para questionar politicamente as instituições, é obsceno. O suicídio os questiona, aparentemente! Vocês toleram as escolas, até as prisões, a as sustentam. O sistema social, com sua normatização moral e cívica, mata. Mas isso não importa, pois o mais importante, para a ordem social, é que tudo seja preservado, para que o sistema de opressão não se modifique.

Em termos estritamente filosóficos, o suicídio é um ato, que questiona a existência de modo drástico e definitivo. Outros questionamentos são igualmente realizados ao longo da vida, mas aquele que dimensiona a validade da vida é mais cruel. A absurdidade da vida não suporta questões tão profundas e delicadas. E, levando-se em conta que o próprio sentido da vida é determinado pelas realizações ao longo da existência, a questão torna-se ainda mais dramática, quando tal consciência nos leva à busca de realizações significativas, visando dar sentido e cor a essa existência. A consciência de que a vida é um emaranhado de sofrimentos e agruras existenciais, faz com que assumamos a dimensão da nossa responsabilidade como seres e, portanto, responsáveis pela construção dos próprios ideais de vida.

Angerami[33] assevera que o sentido da vida é a propulsão capaz de levar o homem a horizontes sequer tangíveis pela razão. No entanto, é preciso se dimensionar a vida como carente de sentido e que necessitará das realizações humanas, para se tornar algo além da própria vida. Assim, se a própria vida não apresenta sentido isolado, o significado do suicídio será algo além de uma digressão filosófica, como também das premissas dos teóricos que procuram compreendê-lo, sem uma abrangência real de suas peculiaridades.

O suicídio é um fenômeno que, ao se manifestar, não atinge apenas a vítima, mas seus familiares e amigos próximos. Ou seja, sua ocorrência atinge a todos, que direta ou indiretamente convivem com a vítima. A culpa originária é infindável e seus contornos. Imprevisíveis.

---

[33] *Psicoterapia Existencial. Noções Básicas. Op. cit.*

No entanto, o suicídio assim como outras manifestações de fenômenos sociais – a loucura, os assassinatos, crimes sociais, doenças contagiosas e outros – não mobilizam as sociedades contemporâneas no sentido de combatê-lo, cujas ocorrências questionam diretamente a própria estrutura social. Mas, na verdade, o real dimensionamento e questionamento são fatores ilusórios.

A posição da Igreja Católica em relação ao suicídio, dúbia e falseada em contradições, é um indício de que o questionamento filosófico realizado através desse ato é totalmente impertinente e abusivo, diante o poder e da ordem estabelecidos. A contribuição da Igreja Católica para a incriminação do suicídio, a partir do século V, apesar de brutal e tardia, é cheia de zelo. Podemos, inicialmente, com todo o direito, suspeitar que a igreja primitiva incitasse ao suicídio por exaltação do martírio, que valia como entrada gratuita para o reino dos céus. São Pedro, que foi o primeiro papa, não tinha deliberadamente procurado a morte, assim como seu divino patrão? *Ninguém me tira a vida, eu tiro de mim mesmo*, diz Cristo no Evangelho de São João (X,18).

No século III, Tertuliano, um dos doutores da Igreja, trabalha neste tema: *se Cristo – Deus é morto, é porque deu seu consentimento; Deus não está à mercê da carne.* É preciso esperar o século VI para que Santo Agostinho resolva mostrar que suicídio é *uma perversão demoníaca* e que o *não matarás* bíblico se amplia também a si próprio. Uma reviravolta como essa corresponde evidentemente ao período em que a Igreja, religião subversiva que era sob o Império Romano, sobe ao poder e produz a ideologia dominante. Consagra-se daí por diante ao domínio do mundo, ao invés de encorajar seus seguidores a passar para o outro lado. Essa invenção do suicídio-crime tem como vantagem recuperar, em favor do cristianismo, a força dos medos primitivos, dos preconceitos e das superstições ancestrais. No mundo moderno dos negócios, esse processo é destinado a atrair a clientela de uma firma defunta. No que diz respeito ao suicídio, o cristianismo atraiu a clientela pagã. De concílio em concílio, o direito econômico do suicídio fica cada vez mais repressivo. O de Arles (em 452) retoma as sanções do direito romano contra os *famuli* (escravos servidores) e determina o suicídio como o maior dos pecados. Em 553, o concílio de Orleans priva de funerais religiosos aqueles que acusados de crime, se *faz justiça*. Em Bragues, trinta anos depois (562), essa sanção passa a abranger todos os casos, quaisquer que sejam os motivos ou circunstâncias. O assunto é encerrado no concílio de Toledo (em 693) com excomunhão dos autores de tentativas. Para melhor esclarecer sua posição, a Igreja coloca em evidência um papel secundário no cenário da paixão de Cristo, o de Judas. Sua traição passa para segundo plano, é por ter se enforcado que o próprio Judas Iscariotis se condena, irremediavelmente. Aqueles que se desfazem da vida, usurpam as funções justiceiras da Igreja e do Estado e não devem ser tratados como *discípulos de Judas.*

Essa personagem do suicida-tipo apresenta, além disso, a vantagem de encarnar a associação suicídio-traição. Traição de Deus feito homem, Judas personifica igualmente o traidor da humanidade que Platão e Aristóteles já tinham identificado. A metáfora mais comum é a da sentinela que abandona seu posto. Mas por que, em geral, se trai, a não ser por covardia ou ambição? A conotação suicídio-traição-covardia não cessou de levantar dúvidas.

O dogma assim colocado ao alcance de todos ficará imutável, durante séculos. São Tomás de Aquino, no século XII, parafraseia Santo Agostinho, (no sínodo de Nimes, 1284) e reafirma que um suicida, nem que fosse um louco furioso, não seria enterrado em terras cristãs. O Decreto de Gratien, Compêndio de Direito Canônico do século XIII, fixa a doutrina pelos séculos seguintes, afirmando que todas as formas de suicídio são expressamente condenadas e codifica o assunto. Com um só atenuante, a questão continua tal qual no Código de Direito Canônico promulgado por Bento XV em 1918. Uma decisão da Congregação do Santo Ofício levava em conta o modernismo ambiente: a privação da sepultura, aliás, reduzia à interdição do *decorum* da missa cantada, não se aplicava mais aos suicidas, que teriam agido *num momento de loucura ou que manifestavam sinais de arrependimento antes da morte.*

Os extremistas ideológicos, por outro lado, tão comuns nas sociedades contemporâneas, são exemplos do suicídio e da autodestruição presente na atualidade. Dispor de tais recursos para a mudança social é o mesmo que uma criança que se joga aos pés da pantera, julgando poder acariciá-la. Os extremismos ideológicos são manifestações suicidas, que protestam com potencial suicida na sociedade. É o protesto maior banhado em sangue, do qual a reconstrução social está exigindo inúmeras reflexões filosóficas sobre o sentimento da vida que culmina na destruição. As sociedades aniquilam a existência de modo desesperador. E tanto nas formas de submissão ideológica como nos protestos de guerrilha a questão da autodestruição é o parâmetro maior da destruição e da situação avassaladora em que a existência se encontra mergulhada. Também é verdadeiro que, morrer deste modo, apresenta sinais de violência tão marcantes como os dos atos deliberados de suicídio. Ou ainda no depoimento de uma paciente por mim atendida: *Tentei morrer. Não sei se a dose de remédios que tomei não foi suficiente. A verdade é que comecei a passar muito mal. Tive vômitos e muita dor de cabeça. Daí me levaram ao pronto-socorro. Então, percebi o que significava buscar a solução de nossos problemas através da morte. Os médicos me desprezavam, as enfermeiras pareciam mais interessadas na provocação de dor. Até os atendentes vinham me olhar como se fosse algum animal raro em exposição no zoológico. Pude, então, perceber de forma clara o que significa o ato de suicídio: uma busca da morte onde não se quer morrer e sim livrar-se desse mundo egoísta, que enlouquece e tortura. E quando não conseguimos atingir nossos propósitos, a sociedade, através de seus representantes, médicos, enfermeiros, policiais, etc., nos imputam todos os tipos de prevaricação.*

O suicídio, no entanto, nem sempre foi condenado até mesmo em suas formas primárias de expressão. Existem muitas manifestações de autodestruição encontradas no expressionismo das artes. Observando-se o suicídio por intermédio da arte, pode-se ter uma visão compreensiva e global dos aspectos inerentes à autodestruição. Partindo-se do princípio de que a arte, por intermédio dos artistas de uma dada época, reproduz aspectos básicos da cultura de seu tempo, observamos que a sociedade nem sempre condenou o suicídio de modo tão violento como na antiguidade. Algumas obras de arte mostram esses aspectos: o suicídio como um ato heroico e louvável. Na Renascença, entre 1400 e 1700 – Guido Reni-Cleópatra, por volta de 1600; estigmatizaram entre 1700 e 1800 Rowlandson – A. Gamesters Exi, 1800; ambivalente entre 1930 e 1960 (Watkins – Suicide in Costume, 1950) e como um grito de ajuda, a partir de 1960 (Joffrim-Death of Marlyn and Cutter, 1972).

O suicídio era exaltado pelos estoicos. Os epicuristas o consideravam como sendo parte integrante da própria existência. Os japoneses feudais transformaram-no em ato louvável e honrado. Inclusive, é por meio dos japoneses que o suicídio apresenta uma das facetas contemporâneas mais polêmicas: os camicases. Se o sacrifício desses era tido como ato heroico, em função das atrocidades da guerra, isso nos remete a um tipo de análise que, seguramente, é revestida de bastante controvérsia. Trata das razões determinantes desse tipo de heroísmo. Se refletido em uma comparação com outros atos permitidos pela sociedade, e que igualmente têm o mesmo teor de destrutividade, mostram que o suicídio dos camicases é indiscutível mas, os dos habitantes das grandes cidades, por exemplo, sujeitos à poluição ambiental e alimentar, também o são. E mesmo o sacrifício de certas seitas religiosas, que impõem situações delicadas a seus seguidores.

Invocamos novamente a Sartre[34], para uma melhor dimensão da reflexão sobre a violência, em que toda filosofia que subordina o humano a outro distinto do homem, ainda que seja um idealismo existencialista ou marxista, tem por fundamento e como consequência o ódio do homem: a história o tem provado, em ambos os casos. Há que eleger o homem primeiro ou outro distinto que ele mesmo. Se escolher a segunda doutrina, se é simplesmente vítima e cúmplice da alienação; é a liberdade quem fundamenta a servidão, é o laço direto de interioridade, como tipo original das relações humanas, que fundamenta a relação humana de exterioridade.

Sartre coloca, também, que somos a realidade de nossos fenômenos em tanto quanto os observemos na consciência. Dessa maneira, a autodestruição é uma manifestação humana, mas não como afirmam alguns teóricos, inconsciente e obscuro, ao contrário, assumido pela condição de liberdade. *O homem está condenado a ser livre. Condenado, porque não se criou a si próprio: e, no entanto, livre, porque, uma vez lançado no mundo, é responsável por tudo quanto fizer*[35].

---

[34] *Critica De La Razon Dialectica. Op. Cit.*

[35] *O Existencialismo é Um Humanismo. Op. Cit.*

De fogo e paixão

Valdemar Augusto Angerami

Marguerite

Mais do que te penetrar,
quero te sentir mulher...
Mais do que te beijar teu corpo inteiro
quero sentir teu orgasmar em minha boca...

Mais do que beijar teus seios
e teu corpo em detalhes
meu desejo é tua feminilidade em minha boca...
Mais do que passear pelo teu corpo com as mãos...
quero a divindade do teu desejo...

Mais do que apreciar tua nudez
quero sentir tua delicadeza no fogo da paixão...
Mais do que saber de você
quero a loucura do meu orgasmar em teus seios...
Em tua boca, por todo o teu corpo...

Sob o fogo da lareira tua divindade...
Na luz do Sol rompendo a neblina o brilho dos teus olhos...
Te quero pela madrugada...
Te quero minha...
Adorada Marguerite...
Marguerite adorada...

Serra da Cantareira, numa manhã azul de Inverno...

Alguns casos clínicos

*Otimista é o demônio, que acredita
ser possível tornar o homem ainda pior...*

Nessa parte do trabalho, descreveremos alguns casos clínicos com os quais deparamos ao longo de nossa atividade e cujos relatos foram escritos a partir de depoimentos dos pacientes. Se não reproduzem na íntegra o teor desses depoimentos, seguramente apresentam o conteúdo principal, bem como os dados e elementos necessários para a reconstrução do momento de desespero do ato, da tentativa de suicídio. Assim, o caso será dividido em relato cursivo e análise fenomenológica.

DESESPERO E DOR

> *— Não conheço outro, além do raciocínio — respondeu ela; é o espírito que torna o seu corpo enfermo e, se fosse possível curar um, curar-se-ia o outro. Mas ele nutre tanta aversão por mim, que nunca terei ocasião de falar com ele e proporcionar-lhe um pouco de alegria.*
>
> GEORGE SAND

A. Relato de caso

Manhã de primavera. Eliane está arrasada. Sua vida perdeu a essência. Tudo parece perdido.

A solidão é desesperadora.

Apenas há a morte como alternativa, morrer e acabar de uma vez com o sofrimento, que a invade. Desespero e dor envolvem a realidade de seu ser.

E, assim, como um ser sem vida própria, desce as escadas de sua casa. Desce não apenas do pavilhão superior para a sala, mas também, no sentido de embotar a consciência para outras possibilidades existenciais além da morte.

Desce.

E cada degrau traz o resquício de sua dor. Pensa em qual meio se utilizar, para dar fim à vida.

Caminha em direção à cozinha e abre a dispensa. Olha o recipiente de formicida; mas não é formiga, para morrer com formicida. E, se não é formiga, tampouco se sente uma pessoa humana, embora ainda reste um pouco de dignidade humana, para morrer como formiga ou inseto.

Não tomará comprimidos. Ingerir comprimidos será um ato por demais inócuo e sem vida. Apanha a faca de corte mais afiado. Cortaria a jugular. Uma forma humana de se morrer: o sangue jorrando e extirpando todo o sofrimento, que invade sua alma.

Entretanto, não se sente com coragem, para realizar um ato tão violento: sempre fora contra todas as formas de violência e não será, na hora da morte, que assumirá tal posicionamento.

Não consegue articular as ideias com precisão. Tudo está nebuloso, em sua vida.

Sente-se desfalecida: na verdade já está morta. Existencialmente, morta, há várias semanas. Agora, também, morrerá, fisicamente.

Sente que sua vida não apresenta sinais vitais. Vegeta. E essa é a melhor definição, para expressar seu amargor. Dorme e anda. Veste e fala. Come e pensa. Mas, não é uma pessoa, que existe com sentimentos, emoções e sinais, verdadeiramente vitais. Simplesmente vegeta. E sem qualquer indício decididamente humano.

Pensa na ironia daquela casa luxuosa, que tem assistido a todo o seu amargor. É invejada pela riqueza material e beleza física, que possui. E, se é invejada, também inveja àqueles, que têm vida e cor, na existência.

Dirige-se à garagem e olha o carro, passando a mão pelo capô do motor. Acaricia a máquina, talvez o último elo com o mundo e a vida.

Não havia apanhado a chave, volta para dentro, para procurá-la.

Depois de apanhá-la, volta à garagem, hesita. Talvez, essa não fosse a melhor maneira de morrer.

Abre a porta.

Senta-se no banco e coloca a chave no contato.

Não liga o motor. Havia se esquecido dos documentos. Volta para apanhá-los, talvez precisasse deles. Liga o carro, pisa forte no acelerador, que logo começa a funcionar. Puxa o afogador, para aquecer o motor. E, também, para abafar sua turbulência interior.

Pensativa, não consegue discernir o que estava fazendo. Manobra o carro e sai.

Deixa o portão aberto. Liga o rádio e ganha a rua, buscando a direção do infinito.

Caminha pelas ruas estreitas do bairro. Pensa que é melhor procurar uma rodovia onde possa acelerar, até o limite de velocidade do veículo. E, entregar-se de corpo e alma, ao seu projeto final. Dirige lentamente, despedindo-se daquelas ruas e avenidas. Tudo lhe é familiar: cada árvore, canto e coisas. Em cada pedaço, um pouco de sua vida.

As mãos seguram o volante com ardor. Dentro de poucos minutos, não mais fará parte desse mundo.

Caminha por um bairro pobre da periferia da cidade. Observa o contraste com o bairro elegante onde mora. Em vez de ruas arborizadas, com elegantes mansões, casas pobres, a desmoronar, diante da indiferença de todos.

O carro anda e leva consigo o fim de toda poesia daquela angústia existencial.

Entra numa grande avenida. Seu pé acelera, com um pouco mais de vigor. Olha o velocímetro: a velocidade salta de quarenta para sessenta quilômetros horários.

Diminui a velocidade. Correr mais do que isso, nessa avenida, poderia ser perigoso.

O rádio toca uma música suave, trazendo recordações amenas. Cantarola a canção. Nesse momento, faz um hiato do sofrimento de sua alma. A música termina. Eliane desliga o rádio. Nada poderá desviá-la de seus propósitos.

O carro se move numa marcha que é a mistura de angústia e desolação do desespero humano.

Para num semáforo e observa o sinal vermelho: aquela luz é o espelho de seu amargor.

Pensativa, não percebe o semáforo abrir. Ouve buzinas e, de forma automática, aciona a marcha e faz o veículo andar, dirigindo-se à rodovia rumo ao nada.

A alta rotação do motor tange seu rancor, assim como o aboio tange a boiada.

Atinge a estrada e seu pé imprime grande velocidade ao veículo. O velocímetro acusa os primeiros indícios de desespero: 60, 80, 100, 120 km horários.

O veículo está no seu limiar físico. É quase impossível controlá-lo, diante do vento que o corta de todas as formas.

Continua acelerando: 130, 140, 160,180. Fecha completamente os vidros, deixando para fora toda a vida e esperança, que lhe resta.

O carro voa, na estrada. Eliana dirige sem rumo e direção. Ultrapassa os veículos que surgem à sua frente, sem consciência do que está acontecendo.

De repente, um grito: *M-Ã–E! Mamãe, por que você está correndo tanto?*

Esse ingênuo questionamento desperta Eliane de seu pesadelo.

Olha para trás, desesperada. E, ao mesmo tempo em que tira o pé do acelerador e o leva ao breque, pergunta incrédula: *– O que você está fazendo aqui, Luciana? Como você entrou no carro? E a menina responde: – Quando você foi buscar a bolsa, entrei no carro, para passear com você...*

O desespero de Eliane torna-se ainda maior; em seu rumo fatal, agora terá uma companhia inesperada.

Tenta controlar a velocidade do veículo. O breque não responde aos seus anseios. O carro continua seu louco voo. E, a cada metro da entrada, o desespero se torna cada vez mais cáustico e angustiante. *– Mamãe, não precisa ficar zangada, eu só queria passear.* A vida agoniza nessa fração de segundo, gira impiedosamente, num leque de dor. A voz de Eliane torna-se apenas pranto: *– Não, meu Deus, não, piedade...*

E o carro depara com um caminhão que, ao ultrapassar um ônibus, obstrui seu caminho de dor. Inutilmente, tenta controlar o veículo. Não há tempo para mais nada, que a razão determine.

A colisão é inevitável. O carro se choca com a traseira do caminhão, estraçalhando-se.

Ferragem e sangue. Asfalto e desespero. Sirenes gritos. Agonia e dor. É o fim de uma aventura, perigosamente vivida

B. Algumas considerações sobre o caso

O relato de Eliane foi narrado, envolto num conteúdo bastante forte, em termos emocionais. Eliane tinha 34 anos de idade, quando ocorreu este episódio.

A fenomenologia é um método, uma atitude. Esse método constitui um novo modo de observação, que se apresenta na ciência, e até mesmo na psicologia. No entanto, nada de novo no cotidiano. É um método que vai ao encontro do real significado das coisas. Os fenomenólogos natos entendem em cada ato o significado das transparências e representações apresentadas. Os acontecimentos ocorridos e que vivenciamos ocorrem, simultaneamente, em todos os níveis de nossa vida e, em cada um deles, são expressas diversas formas de linguagem. Assim, uma violação física pode adentrar a condenação ao nível da consciência moral, e uma condenação pode ser sentida como uma violação ao nível da violência e consciência física. Ou, nas palavras de Van Den Berg[36]: *...o fenomenologista quer fazer as suas observações, da mesma maneira como toda a gente faz.* Tem fé inquebrantavel na observação diária dos objetos, do corpo, das pessoas que o cerca e do tempo, porque as respostas às questões acima mencionadas são baseadas nos resultados dessa espécie de observação. Por outro lado, desconfia das observações teóricas e objetivas, das reflexivas, do tipo de observação que caracteriza os físicos. Desconfia dos julgamentos padronizados a que se chega com facilidade, tais como projeção, conversão, transferência e mitificação. Está convencido de que esta espécie de julgamento mistifica a realidade, por meio de uma teoria muito fácil, mas incorreta e geralmente obscura. Deseja reservar o seu juízo para mais tarde (pois, ele também tem de julgar), depois de prestar ouvidos àquilo que os incidentes e os fenômenos estão prontos para lhe contar. A sua ciência chama-se fenomenologia e o seu relato procura ser a expressão daquilo que observa: se a fenomenologia é seu relato, procura ser a expressão daquilo que observou seja, do que ouve, vê, cheira e sente.

O fenomenologista, assim, faz com que a psicologia seja algo vivo e sentido, no existir de uma emoção, portanto, distante das teorizações frias, que tornam obscura a própria realidade da existência.

---

[36] VAN DEN BERG, H. H. *O paciente psiquiátrico. Esboço de Psicopatologia Fenomenológica.* Campinas: Livro Pleno, 2006.

Quando nos prestou esse depoimento, Eliane contou que as razões determinantes desse nível tão alto de violência física envolviam o fracasso de sua vida conjugal e familiar, e a deliberação tão extremada para sua vida adveio das dificuldades, que anteviu para o seu futuro. A ambiguidade dessa condição é a própria ambiguidade da nossa condição. Nas palavras de Laing e Cooper[37], *somos criaturas cujo ser é perpetuamente contestado em nosso ser. Homem algum é covarde ou corajoso, do mesmo modo esta parede é branca ou negro é aquele livro.* Para o covarde, a covardia manifesta-se sempre como uma possibilidade a ser acusada ou aceita, a que se pode fugir ou submeter-se, sem dela participar. É possível encontrá-la, até em atos que os outros consideram corajosos.

Na medida em que somos a própria realidade dos fenômenos, a decisão sobre certos atos lega o determinante existencial de tais atos. Eliane, diante de situações extremas, percebeu, ao ultrapassar certo limite do próprio sofrimento, o absurdo de sua vida, tentando renunciar a ela sem, contudo, renunciar à condição humana. Diante do formicida, a nossa paciente foi incisiva: não morrer como se mata um inseto. E, embora sua condição existencial fosse a de um ser, que apenas vegetava, ainda sim decidiu por outra forma, que não aquela utilizada para o extermínio de formigas.

O significado de certos gestos mostra indícios bastante claros de deliberação por uma morte *humana*, como também a decisão pelo resgate da dignidade existencial perdida, ao longo dos sofrimentos em que se encontrava vitimada.

Havia perdido os parâmetros de seu sofrimento, legitimando o próprio inferno, dentro de si. O corpo em si mesmo é uma substância autônoma: a consciência é em si e por si uma relação. Ou, ainda, nas palavras de Sartre[38], *se para você mesmo você já é outro, se em seu coração sofre de uma perpétua ausência, poderá viver esta ausência como se fosse a de qualquer outro: o outro jamais será mais ausente do que você, pois a maneira pela qual ele não é ele próprio, isto é, pela qual ele é outro para si mesmo, a maneira pela qual você não é você mesmo nem ele, não difere sensivelmente.*

---

[37] *Razão e Violência. Op. cit.*

[38] Sartre, J. P. *Saint Genet, Comédien et Martyr.* Paris: Gallimard, 1962.

Eliane, em seu sofrimento, se mostra como uma cidade vazia. Sente-se encurralada, diante de si, ao deliberar a forma pela qual concederia a própria morte. É espreitada, vigiada, embora diante de si nada reste a não ser sua própria concepção do mundo. A escolha dos objetos e a maneira pela qual morreria também apresenta esta peculiaridade. A estrutura das frases, os parágrafos, o emprego de substantivos nos dá determinadas singularidades do autor, sem que seja necessário se recorrer à sua biografia. Da mesma forma que rejeitou a morte pela incisão da jugular, Eliane mostra uma tentativa de evitar a própria violência de sua vida. Ao evitar o confronto com essa forma sanguinária de morte, ela não percebeu que o suicídio, em si, é um ato envolto por muita violência, independentemente da maneira como possa ocorrer o ato propriamente dito. Ele traz em seu esboço a violência de um extremado ato de autodestruição.

O sucesso de determinada empreitada permite à pessoa investir nas coisas, se obrigando assim a se ultrapassar. Eliane evitou o contato com uma forma que, segundo disse, fosse de extrema violência. Ao deliberar pelo suicídio provocado pelo acidente automobilístico, poderia dar a seu ato outra conotação. Talvez seu ato fosse registrado como imperícia, imprudência, falha mecânica ou qualquer outro registro atribuído a tais acidentes. Pouparia, dessa forma, sua família e amigos do desgaste provocado pelo seu ato. Indiscutivelmente, uma morte provocada por este tipo de acidente provoca sequelas emocionais muito diversas das provocadas pela morte por meio de suicídio. Na morte provocada pelo acidente, a família sofre apenas a dor da perda, sem a evocação de possíveis culpas ou omissões. Na morte provocada pelo suicídio, ao contrário, além da dor da perda, a família se corrói pela culpa e outros sentimentos inefáveis. Nesses casos, é comum a família trazer para si a responsabilidade do ato do suicídio de um de seus membros. E isso, embora muitas vezes seja portadora de determinadas patologias, que recaem violentamente sobre um de seus membros. Ainda assim, a própria imputação da responsabilidade a certo membro, é uma questão bastante polêmica e cercada de muita controvérsia.

Eliane tentava, por meio de acidente automobilístico, poupar sua família da responsabilidade de seu ato. Sua morte seria vista como fruto de um mero acidente e sua corresponsabilidade, nesse acidente, seria contestada, diante de atitudes que deliberadamente assumiriam e convergiriam, em sentido contrário, a todas as formas passíveis de autoviolência. Seu sangue não jorraria sobre o seu corpo, ao lado de uma faca inerte. Um acidente automobilístico acenava como tendo todos os ingredientes necessários para uma representação, em que sua dignidade existencial fosse preservada. Somado a isso, não deixaria o fardo de pesadas sequelas emocionais sobre sua família, em função de sua morte motivada pela deliberação do suicídio.

A preocupação de Eliane, por outro lado, de apanhar seus documentos, mostra a intenção que tinha em fazer do seu ato uma representação de um verdadeiro acidente o mais real possível. Estaria, assim, portando todos os objetos com os quais convivia em seu cotidiano. Embora essa preocupação com os documentos possa parecer, ao incauto, mera e desnecessária banalidade, levando-se em conta que seu objetivo maior seria a própria morte, a presença dos documentos daria uma configuração ao acidente, que sua ausência, certamente, mostraria de modo bastante diferente, Ou nas palavras de Laing e Cooper[39], *a verdade é que a subjetividade não é nem tudo ou nada: é um momento do processo objetivo (o da interiorização da exterioridade) e, esse momento, elimina a si mesmo perpetuamente e perpetuamente se renova.* Assim, Eliane objetivou de forma subjetiva a contemporização de seu ato de modo pleno e constrito. O subjetivo surge como um momento necessário do processo objetivo, como um momento necessário da subjetividade.

Os documentos foram a subjetividade necessária ao processo objetivo. O significado real dos documentos. Por outro lado, nos mostra que a nossa própria identidade pessoal inexiste, dissociada de nossos documentos; somos cadastrados e identificados, a partir dos registros desses meros papéis, os quais têm sido chamados de documentos de identificação. Isso tudo, se levando em conta a estruturação de nossa sociedade, onde todo e qualquer referencial inexiste isoladamente. O documento identifica as pessoas não apenas em relação ao próprio grupo sanguíneo como também à sua nacionalidade: até mesmo indivíduos considerados apátridas têm no documento o referencial de concretude social. Os documentos de Eliane não apresentavam a preocupação, por exemplo, de que, sem estes, ela poderia ser considerada uma indigente. Tal

---

[39] *Razão e Violência. Op. cit.*

risco seria praticamente impossível, pois sua identificação seria facilmente obtida, pelos registros dos números da placa do veículo. Até mesmo suas vestimentas e seus aspectos físicos excluiriam toda e qualquer conceituação de ser uma pessoa sem referência social e familiar. Os documentos, como foi dito anteriormente, dariam a condição de acidente ao seu ato e desmistificariam toda e qualquer cantilena em relação à sua morte.

O gesto de Eliane de acariciar o capô do motor, também pode ser visto como uma forma de atenuar não apenas sua própria destruição como a daquele objeto escolhido como instrumento de seus propósitos. O ato de deixar atrás de si o portão aberto, pode ser considerado um indício de uma resolução contrária aos seus objetivos iniciais. Essa hesitação fica mais evidente com a decisão de procurar uma rodovia, para imprimir uma velocidade até o limite do veículo. Quando interpelada sobre as razões de ter deixado o portão aberto, Eliane foi subjetiva em sua resposta: *Eu deixei o portão aberto, pois sabia que, de alguma forma, voltaria para casa, viva ou morta.* Quanto a uma possível mudança de seus objetivos, Eliane colocou, que dificilmente poderia voltar atrás em sua decisão, pois, desde várias semanas suas ideias remoíam o suicídio e, no momento decisivo, nada poderia demovê-la de seu ideal.

Ao dirigir lentamente, se despedindo das avenidas e ruas, que faziam parte de sua existência, Eliane cumpria um ritual semelhante ao de um condenado que, antes da execução final, solicita não apenas a extrema-unção como também, se despedir dos familiares e amigos. Dessa forma, despediu-se de cada coisa que representasse um pedaço de sua vida... E, assim fazendo, de forma tão singela, estava se desligando de tudo que, de alguma forma, pudesse prendê-la à sua vida. Apertando o volante com ardor, tentava se segurar ao pouco que restava de sua vida e ao enorme vazio dessa constatação: dentro de poucos minutos não faria parte das coisas desse mundo.

O caso de Eliane nos mostra de modo vivo, que para compreender as nuanças de um ato, mais do que um corpo teórico que pudesse explicar seus gestos e atitudes, é necessário nos colocarmos nas situações descritas pela paciente. E também comparar suas impressões com as nossas próprias. Ao caminhar pelo bairro pobre e comparar as casas desse bairro com aquelas que circunvizinhavam a sua própria casa, Eliane compara não apenas a concretude dos imóveis, mas o próprio sentido de sua vida, em contraste semelhante ao dos bairros e casas. A própria dimensão de sua dor torna, ainda mais abismosa, toda e qualquer tentativa de resquício com a própria vida. Tão logo entra numa grande avenida, Eliane pisa no acelerador com um pouco mais de vigor, para se certificar da condição de realizar o ato intentado pelo limite do veículo. Nesse momento, ao se comparar as impressões de Eliane com as nossas, fica evidenciado que, para ela, imprimir velocidade ao veículo, era simplesmente a circunstância geradora de uma propulsão decidida, e outros momentos em que desespero refletiu sobre a autodestrutividade, mas, sem nenhum contato com o veículo.

Assim, confronta de forma real, o desespero de sua existência com a potência do veículo, que deixa escancarada toda e qualquer tentativa de questionamento. Ao diminuir a velocidade do veículo, em razão da avenida não apresentar condições para o desenvolvimento de uma velocidade ainda maior, Eliane se coloca num dimensionamento tangível, devido ao perigo de se expor a um acidente de consequência imprevisível. A avenida poderia abarcar o acidente, mas, apenas com grandes avarias sem, no entanto, terminar com seu sofrimento e o desespero que tinha, no ato de morrer, o intento para o alívio.

O rádio toca uma música suave, que traz inúmeras recordações. E, ao cantarolá-la, Eliana sente um hiato em sua dor existencial. As reminiscências trazidas por músicas às nossas vidas, é fator por demais conhecido pela maioria das pessoas. Quantas situações não são evocadas pela memória, diante de uma música, a qual tem o poder não apenas de tornar situações vivas e reais, como de fazer com que o passado seja o presente, na dimensão maior do tempo e do espaço. Assim, Eliane, diante da melodia, escuta não apenas a música, mas a melodia de seu coração. E o sabor de tais recordações parece dar uma brandura ao ato, que parecia anteceder sua destruição final. A música, assim como outras formas de arte, tem o poder de inserir sobre si a beleza de seus contornos e também realçar a vida que pulsa em seu expressionismo. Eliane se debruça sobre a vida estampada, a partir da música. E o ato de desligar o rádio tem, como finalidade, evitar que a própria propulsão de destruição possa se esvair.

Coisas vivas se manifestam nos gestos de Eliane e a apreensão de seus significados irá exigir do fenomenologista uma atitude de análise do fenômeno, restituindo sua essência, enquanto fenômeno sem contaminação teórica dessa compreensão.

Um ato, por si, não é determinado apenas pelo passado de uma dada pessoa. Assim, por exemplo, quando uma pessoa sai de casa para ir a um concerto, está indo não apenas ao encontro de um espetáculo, como também, ao encontro de uma ação no futuro. Seria errôneo afirmar, que existe um ato determinado apenas pelo passado. As condições de decisão podem ser dadas pelo passado, mas o ato em si origina no futuro, de uma dada expectativa, vontade, medo, desejo, etc. Se por um lado o passado subsidia as condições para as ocorrências, diante das próprias perspectivas da vida, são os próprios atos da vida que estão enraizados no futuro. Assim, no ato de Eliane, a decisão de suicídio, tomada num passado, conflitava de modo direto e imediato, com as perspectivas de uma ocorrência no futuro. Esta perspectiva, uma falta de possibilidades diante das próprias perspectivas pela existência em si, nada mais é do que se recorrer as imagens e comportamento vividos, ao longo da vida.

As palavras de Van Den Berg[40], nesse sentido, tomam uma dimensão bastante sólida: sintomas aparecem e desaparecem, de acordo com a mutável opinião histórica da psiquiatria (sua maneira de agir e falar), embora haja sempre um elemento essencial da moléstia, que continua inalterado. Esta flutuação dos sintomas sobre a teoria adotada, se torna mais aparente nos casos de neurose. Os sintomas variam de uma época para outra, de um país para o outro ou de um para o outro psiquiatra. Variam conforme as opiniões, de modo que se pode presumir que a preferência pelo passado não foi, em primeiro lugar, uma preferência do paciente, mas, principalmente, uma escolha do terapeuta; surge, então, a questão de se saber por que motivo o terapeuta adotou essa preferência. A resposta é a seguinte: o terapeuta sentiu a preferência pelo passado, porque se acostumou, de modo geral, a acompanhar a linha do pensamento da evolução. Estamos, ainda, bastante ligados ao passado em que triunfou a teoria da evolução; isto facilita a compreensão desse modo de pensar. Tudo o que existe, veio a existir, é este o princípio básico dessa corrente de pensamento. Assim, as reminiscências do passado evocam em Eliane o poder de atirá-la de encontro ao futuro e, consequentemente, às perspectivas que tal ato pode apresentar diante de suas possibilidades existenciais.

---

[40] *O Paciente Psiquiátrico. Op. cit.*

Nesse ponto, faz-se necessária uma reflexão breve, sobre o conceito de transferência, bastante em voga na psicologia contemporânea. Atribuir aos gestos de Eliane possíveis transferências de afeto, deslocado para objetos estranhos a esse afeto, é simples reducionismo teórico. Nas palavras de Van Den Berg[41]: *Durante a infância, uma paciente começou a odiar sua mãe, porque jamais lhe dava a menor liberdade. Agora, odeia todas as mulheres.* A linha de raciocínio é a seguinte: o paciente transfere para outras mulheres o ódio que sente pela mãe. Esta estrutura de pensamento pressupõe que um afeto, ou seja, o ódio passa a ser desligado de seu objeto. Deve existir, então, alguma coisa que se possa chamar de um *ódio sem objeto.* Todavia, ninguém jamais sentiu algo com *ódio sem objeto.* Ninguém pode dizer que sentiu, alguma vez, ódio não dirigido contra alguma pessoa ou coisa. Até mesmo o *ódio cego* é dirigido – cegamente – a alguma coisa ou a todas as coisas. O amor sem alvo é também desconhecido. Não é difícil encontrar uma resposta, quando se indaga de que maneira surgiu essa errada cadeia de raciocínio. A causa pode ser encontrada no fato de que se tornou costume tratar qualidades mentais como se fossem objetos. Dizer que um afeto é transferido de uma pessoa para outra, é a mesma coisa que observar o transporte de um cinzeiro da mesa para a escrivaninha. Isto será muito certo, quando se trata de coisas. Todavia, os afetos não são coisas. Não podem ser levantados de um lugar, para serem colocados em outro. (...) Tampouco tem sentido a palavra *transferência* cujo conceito pertence à ciência física. Se a palavra deve fazer sentido em psicologia – e demorada experiência depõe em seu favor – deve ser psicologicamente definida. Até há pouco, falava-se essa definição.

Ao analisar-se o gesto de Eliane, diante do semáforo vermelho, devemos nos ater à sua conceituação de que o semáforo se assemelhava a seu próprio amargor. Como também não inferir possíveis conceituações ao significado da cor vermelha nas diversas correntes da psicologia contemporânea. O vermelho do semáforo era o vermelho de sua alma, de seu sangue. A real expressão de seu amargor. Diante dela, aquela luz acenava não só como um indicativo de trânsito, mas também como um determinante das circunstâncias que a impossibilitavam naquele instante.

---

[41] *Ibidem. Op. cit.*

O sinal vermelho era a luz que determinava a própria cor de sua projeção no futuro. O nadador se lança nas águas como que recebendo convite dessa transparência que é o ato de se lançar ao encontro com o nadar. Ao dizer sim ao convite das águas, acima de tudo, está completando uma possibilidade existencial, que acenava como perspectiva de futuro. O farol vermelho, igualmente, lança aos olhos de Eliane, a possibilidade de se lançar ao encontro do vermelho do sangue que, já tendo encharcado sua alma, também pedia um lançamento de encontro a própria destruição física. Vermelho, luz que espalhava o amargor, contrariamente a todas as possíveis conotações que possam ser atribuídas ao seu significado. Na medida em que o homem, como ser livre, decide os determinantes da sua existência, sua escolha é ponteada pela inquietação – a existência cerceia a renúncia a diversas possibilidades. Pode-se dizer, então, que a escolha de Eliane teve como referência sua própria existência, bem como a deliberação decidida sobre ela.

O ato do suicídio é bastante polêmico e esbarra na própria conceituação etimológica do termo. E, ao se decidir pelo suicídio, como alternativa a uma existência repleta de sofrimento e desventuras, decidiu por uma das formas possíveis de autodestruição, sem, contudo, excluir de sua vida outras formas que, embora comumente não sejam consideradas como tal, na verdade apresentam todas as características para serem definidas como atos destrutivos.

Em casos de acidente automobilísticos, na maioria das vezes, sua ocorrência é atribuída à imperícia, falha mecânica, etc., dissemos anteriormente. No entanto, é importante salientar, que o caso de Eliane foi uma decisão sua, fato que não exclui da definição de autodestruição aqueles motoristas que, mesmo sem uma intenção iminente de morte, imprimem grandes velocidades aos veículos que dirigem. A destruição é fator congruente, num veículo cuja velocidade se aproxima de seu limite e capacidade: é sabido por todos que dirigem um veículo, que um simples obstáculo surgido, repentinamente, à sua frente é suficiente para provocar um acidente de consequências imprevisíveis. Isto sem dizer de possíveis e imprevisíveis falhas mecânicas, ou digamos, como exemplo, o estouro de um pneu, que em tais circunstâncias, seria fatal.

Eliane decidiu morrer por meio de um acidente automobilístico. Projetou para seu futuro um instrumento de locomoção, que seria incrustado em sua carne e se tornaria um amontoado de ferro enlameado de sangue. Na verdade, chega a ser incontável o número de acidentes automobilísticos que, apesar de assim serem definidos, são, em sua essência real, atos deliberados de suicídio. A deliberação de usar o carro como instrumento do suicídio é uma manifestação da própria circunstância da vida contemporânea. É a configuração de como a imaginação torna circunstancial a percepção e a captação de um dado objeto. Para Eliane, era o veículo, e não o formicida ou a faca de corte afiado como ideal aos projetados, lançados em sua condição de ser-no-mundo. Assim, o vermelho, que espelha seu amargor, tem um significado sanguinário, na medida em que suas mãos detêm o volante de um veículo, que foi transformado num instrumento de destruição.

A referência feita por Eliane de que o motor do carro girava em alta rotação e tangia seu rancor, assim como o aboio tange a boiada, por outro lado, dá-nos uma ideia da natureza desse posicionamento. O aboio é utilizado pelo vaqueiro, para conduzir a boiada a um determinado local. Assim, o vaqueiro se utiliza desse canto – o aboio – para que a boiada não se disperse nem tampouco possa se desviar de seu destino. O significado dessa alegoria é bastante importante na vida de Eliane. Evocava situações de infância, enquanto observava os vaqueiros cuidando do rebanho, num cerimonial que mais se assemelhava a um ritual religioso, do que, propriamente, à condução de animais. Essa vivência da infância é trazida à tona das reflexões com a imagem do aboio, tempos em que o sofrimento não tinha lugar em sua alma; tempos em que a contestação da vida era feita pelas peraltices inerentes à infância. Ao comparar a rotação do motor com o aboio tangendo seu rancor, decide por não desviar de seus propósitos, tal como o aboio do vaqueiro junto à boiada. A beleza evocada pelo aboio no sertão perde o sentido, diante da conotação dada por ela, ao seu significado. Somente quem vive ou viveu no sertão sabe desse canto melodioso, que é ensinado de pai para filho na arte de conduzir a boiada. Eliane sente que a alta rotação do motor de seu veículo é semelhante ao aboio; certamente a melodia desse motor é o canto da morte e não da condução de animais.

A evocação de lembranças infantis, nesse momento, nos leva ao encontro da rememoração de fatos, aqueles que seriam seus instantes derradeiros. Tal evocação é presente na maioria dos pacientes, que recorrem ao suicídio, bem como aqueles pacientes considerados terminais, a partir de determinadas doenças degenerativas. É o próprio espelhar da existência, no ocaso da vida. Eliane relembra sua própria vida, ao mesmo tempo em que atinge a estrada e começa a infligir mais velocidade ao veículo. E, ao impor ao veículo seu limite físico, essas reminiscências perdem a razão e o significado.

Ao fechar os vidros do veículo, deixando fora a vida e esperança, Eliane decide realmente terminar a execução de seu projeto, de forma envolta numa concretude sequer questionável em termos existenciais. Nesse ponto, uma reflexão se faz necessária, a forma com certas correntes da psicologia contemporânea abordam o homem e os objetos. De modo geral, se baseiam numa interpretação filosófica e consideram a existência humana uma alma (psique) encerrada dentro de um corpo; essas correntes não têm interesse pelos objetos. Os objetos, assim, são totalmente estranhos a nós; estão fora de nosso corpo e são considerados de outra maneira, apenas quando os incorporamos por meio do desejo, ou até mesmo, quando descarregamos algo sobre eles. Os objetos, se olhados por esse prisma, nunca nos pertence, pois, quando damos a eles determinados significados, na realidade, estamos conferindo-lhes posse a determinado sujeito. Dessa forma, o mundo inclusive não terá significado; até mesmo o contato entre as pessoas precisa ser entendido, a partir de uma conexão entre elas. O homem é um ser que se percebe no fenômeno, como além desse: um ser transfenomenal, que se descobre no fenômeno. Não podemos dessa forma, negar a devida importância aos objetos; não existe a separação do sujeito e do objeto, tal como preconizam essas correntes. O espectador, diante de um filme projetado na tela do cinema, vivencia o drama com a mesma intensidade e emoção que os artistas: perde a consciência do corpo e se transforma no protagonista da história; o choro, o riso, enfim, todas as manifestações emocionais do filme farão parte de sua vida, durante aqueles minutos, de modo indissolúvel. O arquiteto se transforma na casa que idealiza e projeta, em sua prancha de trabalho.

Não existe separação, entre o ser de Eliane, em seu aspecto corporal e o veículo que conduz. Formam, por assim dizer, um binômio indivisível. O veículo que voava na estrada, era o seu ser. O ser que agonizava na condução do veículo, era a máquina em forma e contornos materiais. Não existe separação entre seu pé, que acionava o acelerador e o resto de seu corpo; o pé é o todo existencial que, naquele momento, propulsionava uma maior velocidade ao veículo. O corpo não é estranho aos membros; uma pessoa se alimenta e não é o corpo que se alimente. O pé, ao acionar o acelerador, em momento algum se separa do corpo; e o corpo é a transcendência realizada em sua uniformidade com os objetos.

O veículo absorve o seu ser, numa totalidade em que não é possível o estabelecimento de uma linha divisória. A destruição atingirá o ser de Eliane de modo único e indivisível. O sangue nas ferragens será incorporado à tinta do veículo; a ferragem em sua carne será parte de seu corpo.

Eliane teria o seu projeto de suicídio inteiramente cumprido, não fosse o surgimento inesperado de sua filha, no banco traseiro. As palavras da menina: *"M-Ã-E"! Mamãe, porque você está correndo tanto?* Esta súplica infantil mostrou à Eliane, que o seu projeto era inviável, naquele momento.

A presença do outro desempenha um papel bastante importante, nas relações com o nosso corpo. O outro determina, não apenas o sentimento de rejeição, como também o de autoestima; sentimentos que passam a existir a partir de outro. Se, anteriormente, Eliane e o veículo eram um ser único e indivisível, a presença da menina, nesse *ser-veículo*, traz a configuração de gravidez desse ser; e de tal modo que, tanto o bebê aninhado no útero como a mãe, se encontram em perigo iminente de morte. O desespero de Eliane era o da mãe grávida, diante da possibilidade de um aborto e risco de vida; não existe separação entre mãe e filho no útero, configurando a mais perfeita harmonia existente.

A primeira tentativa de Eliane foi controlar o veículo, acionando os freios. Desesperadamente, perguntou e questionou a presença da menina naquele veículo. As palavras da menina: *Entrei no carro, para passear com você*, foi resposta simplesmente desesperadora. Aquele *ser-veículo* se dirigia para o último passeio: o passeio da morte.

A presença da menina era indesejável. Eliane, desesperada, tentou controlar o veículo por si incontrolável, tal a velocidade que desenvolvia. E torna-se possível dimensionar o estranho gosto dessa consciência de si: *-Não, meu Deus, não piedade.*

A cada momento, existe uma promessa e um projeto a serem cumpridos; a cada momento, ela se agarra em si mesma, como uma vocação. Que promessa fez ela? A quem? Ao espectro de uma solidão, talvez; a si mesma, na configuração de seu sofrimento. A violência da colisão torna as palavras de Sartre absolutamente verdadeiras: *O importante não é aquilo que se fez ao homem, mas o que ele fez daquilo que fizeram dele.*

Eliane fez de si o que fizeram dela; a violência que impôs à sua vida – nesse ato representado pelo suicídio – é a violência da vida contemporânea, em suas representações cotidianas.

Numa análise do significado do tempo, podemos dizer que, passado e futuro, são duas dimensões, que estejam tangenciando outra dimensão chamada presente. O passado difere do futuro; o passado ficou atrás, o futuro acena à nossa frente. No entanto, o passado e o futuro se tornam o presente. O presente contém toda uma existência; o presente incorpora o passado. E o futuro, que acena à nossa frente, é sedimentado pelo passado. O passado ao se tornar caótico, também torna o futuro; a sequência, em relação ao futuro num passado vivido de modo satisfatório. Assim, Eliane teme, não apenas a falta de perspectiva acenada pelo futuro, como também o presente – aceno do futuro – sobre os nossos domínios dos tempos passados. Ao manifestar o desmoronamento da estrutura familiar, Eliane está colocando sua instabilidade frente à vida, que não era vivida plenamente, não apenas no passado, mas principalmente, no presente. O sacrifício seria assim uma tentativa de resolução de seus conflitos existenciais, em relação à dimensão dos sofrimentos. Seu depoimento é o estandarte dos conflitos.

A filha, presente no momento do acidente, evitou uma colisão mais séria, não tendo, porém, sido suficiente em reflexão, no sentido de a demover de suas intenções. Nada, nem um ser existente havia sido capaz de aliviar seu sofrimento, a ponto de levá-la a um questionamento sobre as reais dimensões do suicídio. Nem a possibilidade da reconstrução da estrutura familiar acenava como possibilidade real; apenas o ato do suicídio poderia redimi-la e reconstruir de forma assimétrica essa estrutura familiar. A sua presença seria marcada pela ausência nessa estrutura. O espetro de seu ser atormentaria essa família, sem se esvair nas entrelinhas do tempo e do espaço. Os sonhos, as ilusões e os projetos que havia traçado para sua vida e sua família se perderiam na dimensão do suicídio. E seriam assim soterrados, na resolução definitiva que a morte encerra sobre si. É desnecessário repetir, uma morte sem as sequelas emocionais provocadas, quando por meio de suicídio.

UMA CENA DE DESESPERO

Quem nunca estabeleceu conivência amorosa não poderá manifestar-se, não poderá ser transparente para si mesmo.

BINSWANGER

A. Relato do caso

Tenho 28 anos e vou tentar descrever o que aconteceu naquela noite. Eu estava desesperada com a solidão que sentia na alma. Ansiosa, dirigi-me ao telefone. Retirei o fone do gancho à espera do sinal de linha. E levei o dedo até o disco do aparelho. Disquei o primeiro número. Imediatamente, coloquei o fone novamente, no gancho.

Levantei-me irritada com essa indecisão e fui até a cozinha tomar um copo de água. Estava realmente desesperada com a solidão. E voltei para o lado do telefone. Sentia uma enorme necessidade de telefonar. Não era mais possível, suportar aquele vazio. Hesitei sobre a incerteza daquele telefonema. Era a esperança de conseguir condições de alívio para o peso da minha solidão.

Tentar. Tentar. Tentar. Com a certeza de que, assim, não era possível continuar.

Decidi: tirei o fone do gancho e tão logo ouvi o sinal de linha, disquei os números daquele telefone. Mas logo que terminei de discar o último número ouvi o sinal de linha ocupada.

Irritada, bati novamente o telefone no gancho.

Levantei e olhei a janela em direção ao vazio. Sentia-me aniquilada. Peguei uma revista e folheei sem olhar.

Sentia que estava descendo o último lance da degradação humana.

Era insuportável continuar a me sentir tão só e abandonada. Voltei para perto da mesinha do telefone e peguei o recorte de jornal. Li o anúncio letra por letra. Separei cada palavra dando a elas uma imensidão, que se aproximava de meu vazio. O anúncio brilhava aos meus olhos, assim como um grande luminoso de outdoor que acena promessas de felicidade com seu reclame. Lembrei, amargamente, dos tempos de adolescência, quando desejava completar a maioridade, para poder viver intensamente.

Ironia. Essa era a melhor definição que poderia dar a minha vida. Voei com o pensamento, enquanto os meus olhos ficavam parados diante daquele anúncio, projetando minha dor e solidão naquele papel, um simples pedaço de jornal.

Levantei e fui em direção à estante de livros. Coloquei o anúncio cuidadosamente, dentro de uma gaveta. Procurei pelo livro onde havia deixado um papel no qual, alguns dias antes, escrevera sobre a solidão. Folheei-o como quem procura pela própria vida. Cada página virada despedaçava um pouco da minha alma.

Encontrei o papel e li o produto do meu estado de alma sobre a solidão.

Solidão. Entras nas profundezas de entranhas d'alma humana e dilaceras corações estrangulando sonhos e ilusões...

Li e reli aquele verso inúmeras vezes. Em seguida, amassei o papel como que estrangulando a própria alma e o atirei no cesto de papéis. Levei as mãos ao rosto e chorei um choro profundo de dor e desespero.

Desespero de ser tão só, doída e abandonada.

Os meus olhos tinham o vermelho da dor e da solidão. Fitar o espelho e ver minha imagem de sofrimento, foi insuportável. Andei pela casa, procurando cor e vida. Consegui encontrar apenas aquele recorte de jornal. Peguei e o encostei no peito. Sabia que estava diante da ilusão e de mentira do amor.

Sentei-me no sofá e me afundei de forma a mergulhar o coração naquelas almofadas. Levantei-me e, novamente, me dirigi à mesinha do telefone. Decidi telefonar.

Reli aquele anúncio. Li e reli. E pensei no absurdo daquela situação. Era o último lance da degradação humana.

Degradação, espoliação, merda, escrotice, prostituição, tudo, enfim, que sempre condenara.

Parei os olhos diante do anúncio e pensei, que estava buscando comprar amor, como se compra uma blusa ou um disco. E o anúncio continuava a oferecer:

Sandra e sua jovem equipe de rapazes e moças. A dom. e ap. privê. At. casais, homens e mulheres c/ discrição. Fone 60.00.

Peguei, novamente, o fone. Esperei o sinal da linha e disquei. Do outro lado da linha atendeu uma voz feminina: -*Sandra relax, boa noite.* Emudeci diante daquela voz, que tornou a repetir: *alô, alô...*

Emudeci e pensei no absurdo daquela situação: implorar amor, carinho e afeto a uma pessoa desconhecida. E mesmo que pagasse, a sensação era de estar implorando amor.

Imaginei com seria minha interlocutora, alguém atormentada pela solidão como eu, ou, então, alguém que não sabia o que era se sentir abandonada.

Bati o telefone, irritada diante daquela situação extremamente absurda. A solidão doía. Obter amor, encomendando um corpo qualquer de homem, era demasiadamente degradante. Isso por si, aniquilava o coração.

Levantei e caminhei em direção ao quarto. Irrompi um choro pesado e incontrolado e me atirei na cama. O corpo sentia nas entranhas a necessidade de ser amado e possuído. Chorei e o meu choro tinha a dor da ausência.

Eu não conseguia pensar em nada. A minha cabeça era a dimensão da angústia humana. Abracei o travesseiro, como se fosse o ente querido, que há muito não via e que ardentemente desejava. Apertei o travesseiro com volúpia. Senti o seio acariciado por aquele objeto, que compartilhava minha solidão, diariamente.

Com um abraço, apertei o travesseiro contra o corpo, ao mesmo tempo em que, com a outra mão, comecei a cariciar o meu corpo. Passei a mão pelo rosto, explorando as formas, como descobrindo os contornos. Corri com os dedos, os lábios e senti a suavidade de um carinho terno e leve, com esse toque. Deslizei os dedos por todo o rosto e senti a imensidão da dor.

A imensidão da dor, essa era a melhor definição para aquele ato de desespero e solidão. Acariciei os bicos dos seios com ternura e afeto, há muito desejados. A minha imaginação fez com que aqueles toques transformassem no toque de um amante apaixonado.

Levei a mão até os pelos pubianos, fazendo movimentos circulares tão suaves que tive a sensação de que a vida havia parado, para permitir aquele prazer tão intenso.

A ponta do dedo indicador acariciava os lábios da vagina, com tal intensidade, que senti o corpo inteiro contrair-se, num prazer indescritível. Então, toquei o clitóris e levei a outra mão até os seios, para aliviar ainda mais aquele delírio carnal.

Novamente, abracei o travesseiro com furor viril e contorci meu corpo na cama, rolando com aquele companheiro, amigo e confidente de todas as noites e que, agora, se torna também amante. Gemia de prazer, ao mesmo tempo em que escutava o travesseiro dizer: *Eu te amo*. Nesse momento, ouvi a campainha do telefone tocar. Alguém estava ligando, para acabar com a minha solidão.

Escutei a campainha do telefone, entorpecida. Levantei e caminhei em direção à sala, para atender àquele telefonema tão inesperado e, ao mesmo tempo, tão ardentemente esperado. Ansiosa tirei o fone do gancho e implorei: *Alô, aqui é Roberta*. Do outro lado da linha, apenas o silêncio. O meu interlocutor era mudo ou, então, não era ninguém. Insisti: -*Alô, alô, por favor, responda*. Apenas um clique e o desligamento daquela esperança. Permaneci muda, com o fone na mão. Devia ser a solidão que estava a me telefonar.

Levantei e caminhei em direção à janela. Olhei o infinito e refleti que até mesmo a solidão tinha companhia mais interessante do que eu.

Fui até a sacada e olhei a rua. Lá embaixo, tudo era pequeno, apenas imagens. Senti a cabeça rodando. Senti que estava sendo atraída pela rua. Fechei cuidadosamente a camisola, para proteger a minha nudez e me atirei ao encontro da morte.

Naquela fração de segundos, que separou a queda do estrondo do meu corpo sobre o veículo onde caí, ainda consegui um flash dos últimos dias de minha vida. E, no meio da queda, doeu nas entranhas d'alma o arrependimento. Inútil. Sorri, naquele segundo fatal, indo ao encontro da Madame Morte, que receberia mais uma pessoa que, num momento de extrema lucidez, havia procurado por ela, para buscar alívio, para o desespero da existência humana.

Agora, estou aqui, entre a esperança da vida e a esperança de voltar a andar. O dia não me lembro. Sei que era apenas uma noite quente. Uma daquelas noites em que o corpo pede, ardentemente, para ser amado... E eu nunca havia pensado em suicídio.

B. Algumas considerações sobre o caso

Trata-se de um caso em que uma das primeiras evidências que se manifesta é o espectro da solidão a corroer, de forma total, uma existência que se afigurava em esplendor. O depoimento de Roberta nos mostra a agonia desenvolvida em sua luta, para fugir desse espectro que, ao mesmo tempo desesperador, é parte inerente da existência. Os pensadores existencialistas trouxeram à luz as reflexões contemporâneas sobre o homem e a questão da solidão.

A solidão, anteriormente, era vista como uma patologia, que, em determinados momentos, acometia determinadas pessoas; essa visão errônea foi lançada por terra pelos pressupostos existencialistas, que mostraram que a solidão era parte inerente à existência e que não haveria, portanto, homem que não possuísse em si esse espectro. Sartre[42] coloca que o homem nasce e vive só, deixando a solidão apenas quando morre. A existência, assim, seria um hiato de solidão entre o nascimento e a morte. Dessa forma, somos seres condenados à solidão, que se manifesta a partir da presença do outro; o outro que completa a dimensão dessa necessidade; uma pedra ao contrário, não tendo consciência de outra pedra, não pode sentir, nem tampouco a ausência como também a distância de outra pedra[43].

Em determinados momentos, porém, o confronto com a solidão é desesperador. Nesses momentos, a ausência do outro dá parâmetros inatingíveis ao desespero humano. O pensamento humano é, simplesmente, uma luta entre a razão e a vida – a razão aplica a vida nacionalizante e inclusive, forçando-a a submeter-se ao inevitável, à mortalidade; a vida aplicada à razão vitalizadora e forçada a servir como um esteio aos seus desejos vitais.

A ansiedade de Roberta ao lado do telefone, mostra o peso insuportável da ausência do outro, bem como o medo de consequências imprevisíveis, nesse mergulhar, ao encontro do futuro; disca o primeiro número e imediatamente coloca o fone no gancho, se irritando com sua indecisão. E, consequentemente, com a necessidade do outro, cuja ausência se torna presente pela dimensão dada ao seu sofrimento... O ato de ir até a cozinha e beber um copo de água, figura como um momento, um hiato em seu sofrimento.

A solidão sentida por Roberta, naquela noite, se assemelha à solidão sentida por milhares de pessoas, que habitam as grandes cidades; é o fruto maior da coisificação imposta ao homem pela tecnologia moderna.

---

[42] *O Existencialismo é Um Humanismo. Op. cit.*

[43] ANGERAMI, V. A. *Solidão. A Ausência do Outro.* Belo Horizonte: Artesã, 2017.

Ao mesmo tempo, em que houve uma evolução impar nos chamados recursos tecnológicos, ocorreu um total empobrecimento das relações interpessoais; liga-se o botão do aparelho de televisão e assiste-se, no mesmo momento, a uma transmissão de um evento, independentemente da distância do local onde ocorre: contraposta a esse elevado nível de tecnologia, há o agravante de não saber sequer o nome da pessoa, que habita a casa vizinha[44]. O homem moderno está ilhado de outras pessoas, ao mesmo tempo em que habita uma cidade onde vivem milhares de semelhantes.

A solidão estanca no peito a dor de ser só, a necessidade do outro; e que a partir do outro contorna essa condição de dimensionamento. A solidão que Roberta sentia, embora tenha surgido como um problema individual, naquela noite, como uma patologia desprovida de razão, devorou as entranhas de sua alma. Ao sentir na carne o espectro da solidão, Roberta se desesperou, diante de sua condição; nossa existência tem sobre si como parte inerente, espectros como solidão, angústia, culpa e a própria morte. A solidão que sentia era parte de seu ser, embora dilacerada pelo desejo de se sentir amada e protegida. Ao voltar para o lado do telefone, Roberta diz que a necessidade de telefonar era a única condição indispensável, para o alivio daquela situação insuportável de solidão.

No momento, se sabe, que todas as pessoas que procuram por esse tipo de alívio, e recorrem ao chamado amante profissional, nada encontram, senão um vazio na alma, maior ainda do que aquele vivenciado antes da procura. O caso de Roberta mostra esse fato de modo bastante evidente; sua busca convergia para a necessidade de se sentir amada, como uma pessoa que existe e tem significado para outra pessoa,

O amante profissional cumpre uma atuação sexual, mas não tem como satisfazer às necessidades de afeto, proteção e amor manifestados por um parceiro. Mesmo que Roberta conseguisse telefonar e encomendar um *corpo de homem* para amar, seu vazio existencial, seguramente, não se alteraria. O espectro dilacerante de solidão, que sentia, solicitava do outro algo que transcendia à simples condição de amante sem nome e significado. O desespero dessa situação, bem como a consciência de tais fatos, são mostrados pela forma irascível como Roberta bateu o fone no

---

[44] *Ibidem. Op. cit.*

gancho, diante do sinal de linha ocupada. As barreiras que Roberta teria de vencer, para concretizar aquela busca, transcendiam ao sinal de linha ocupada. Também convergiam para as suas barreiras existenciais, que, de alguma forma, manifestavam todo o dissabor dessa busca.

Ao manusear a revista, sem se dar conta de seu conteúdo, Roberta mostra a turbulência de sua razão, frente ao desespero humano, trazido pelo espectro da solidão. Ao dizer que estava descendo o último lance da degradação humana, Roberta mostra uma das facetas mais críticas que a solidão nos apresenta: o desrespeito manifestado pela presença do outro que, mesmo se mantendo no mais absoluto anonimato, ainda assim, traz resquício da dor e da vergonha de implorar um gesto de amor – mesmo que a relação esteja permeada pelo pagamento dos serviços prestados.

A representação do amor, em suas consequências carnais, não tem como atender a verdadeira necessidade de transcendente desse ato em si. Ao se manifestar, a solidão solicita a presença do outro, para minimizar não apenas a dor dilacerante, mas também a realização das possibilidades existenciais inerentes à condição humana. A situação de abandono se manifesta em Roberta como um prenúncio da necessidade de proteção contra os predadores de sua espécie. *O homem é lobo do homem*, citação de Plauto, nos mostra que não apenas naquelas situações de destruição provocadas pelos extermínios de massas, evidenciados nas guerras, guerrilhas e outras formas de destruição humana, mas também nas situações em que o homem se manifesta como ausente, dilacerando com essa ausência as entranhas do semelhante, o maior predador do homem é o próprio homem. Roberta sente a extensão dessa verdade de maneira tão aguda, que sua existência se torna algo insólito, diante desses fatos.

Ao se referir ao anúncio, o comparando com um grande luminoso de outdoor, que acena promessas de felicidades com seus reclames, Roberta está tentando dar à sua busca a mesma ilusão propiciada por este. Nos anúncios de publicidade, a ideia de felicidade se mistura ao grande ideal de consumismo determinado pelas sociedades capitalistas. Assim, a felicidade e um grande teor de consumismo se misturam num emaranhado onde a linha divisória que cerca a conceituação do que seja felicidade se torna inatingível à luz de uma crítica que não seja extremamente apurada e permeada pela razão.

Ao conceituar ironicamente a sua existência, Roberta nos leva ao encontro dos anseios de tantos que esperam avidamente a chamada idade adulta, para poder vivenciar determinadas experiências proibidas aos considerados sem essa maioridade. A vida acena com promessas de futuro totalmente desconhecidas àqueles que tomam contato com essas experiências, apenas e tão somente pelos relatos dos protagonistas dessas experiências. Essa conceituação irônica dá ao depoimento de Roberta um teor de muita amargura, frente aos desencantos provocados pela situação real de seu desespero e solidão. Ir ao encontro do livro no qual havia guardado o papel em que se encontram seus escritos sobre solidão, ela vai não apenas rever os versos anteriormente escritos, mas confrontar o seu estado de alma. Desespero é o que nos mostra o seu pequeno verso sobre a solidão, tão angustiante que, ao acompanhar sua trajetória pelo vazio de sua casa, acompanhamos não apenas seu trajeto físico, como o crescimento da dilaceração de sua dor.

A consciência de estar diante da ilusão e da mentira do amor, são colocações repletas de desespero, cuja propulsão nos leva, novamente, ao encontro da ausência do outro. A decisão de ligar para aquele número estava, novamente na consciência possuída pelo absurdo daquela situação, degradante na expressão de suas palavras.

A voz de sua interlocutora faz Roberta não apenas desligar o telefone, como perpetuar em si a necessidade de resolver seus conflitos de outra forma: recorre ao travesseiro, o abraçando com volúpia e sente o seio acariciado por aquele objeto companheiro. Roberta não era onanista por opção; ao contrário, optou pelas próprias caricias pela falta de opção de uma presença ausente. O masturbador enfeitiça a si mesmo, pois não consegue jamais se sentir outro e produz a diabólica aparência de um casal, que se esvanece, quando tocado. O fracasso no prazer é o amargo prazer do fracasso. Um ato puramente demoníaco, a masturbação mantém no âmago da consciência uma aparência de aparência: a masturbação é a desrealização do mundo e do próprio masturbador. Mas o homem que planeja ser devorado por seu próprio sonho percebe muito bem, que o sonho existe apenas por sua vontade. Contudo, por meio de uma inversão que leva ao êxtase, ao ponto de transbordamento, esta lúcida negação provoca acontecimentos reais no mundo: a ereção, a ejaculação, o prazer e manchas úmidas nos lençóis são causados pelo imaginário. Num só gesto, o masturbador capta o mundo a fim de dissolvê-lo e inserir a ordem do irreal no universo: as imagens precisam existir, uma vez que agem. O amado está ausente ou apenas presente na aparência. Nesse momento de submissão Roberta reduz seu companheiro a uma sombra, uma aparência de ser, que existe somente por intermédio de sua percepção. Ao se projetar no coração desse ser ausente, se sente numa vertiginosa ausência que torna mais profundo o abismo onde ela se projeta. E, ao dar vida às imagens que criou em seu devaneio, Roberto contemporiza a sua própria situação de abandono e ouve do travesseiro as palavras que consagram todas as formas de amor: eu te amo. Diante de tanto êxtase Roberta diz que, inclusive, teve a sensação de que a vida havia parado, para permitir aquele prazer tão intenso: tal qual numa relação sexual onde os fatos, objetos, e, por assim dizer, a própria vida, deixam de existir para que apenas o arrebatamento do amor se manifeste. Roberta se isola da dor e do desespero da solidão.

A crise de desespero de Roberta não foi como uma violentação. Foi uma violentação. Ser amada era o sonho impossível de Roberta; como estranha para si mesma, só pode amar quem seja outro, que não ela própria. Só é amada por si mesma, pois é em seu absoluto caráter de outro que ama sob o disfarce do outro; não são os músculos, o cheiro do outro que a penetram, mas tudo com incorporação do ser, de seu próprio ser. E, ao amar essa criatura indiferente, com todo o seu corpo e espírito, Roberta alcança aquilo que poderia ser definido como o supremo objetivo do ser amado. Todavia, amada não como ela própria por outro, mas por ela mesma como outro no outro; a ausência do amado é a sua indiferença, a consciência de ser uma coisa, um objeto. Ao contrário de se tornar, também, uma coisa nessa relação com uma coisa, objeto, Roberta concebe o casal como a união de corpo e alma que consagra o amor; essa relação não é recíproca – a consciência pode ser até mesmo a consciência do corpo, mas este é simplesmente o corpo, que é completamente ele mesmo. O travesseiro, por mais que tenha sido amado, se tornou algo diferente da coisa, objeto que sempre fora, apenas pela transcendência de Roberta ao seu real significado. Ela tem o orgasmo recusado, ou melhor, no momento que atingiria o clímax da relação, a campainha do telefone interrompe o cerimonial em que se encontrava envolvida.

Roberta interrompe a relação de prazer que mantinha com o amigo e amante, personalizado no travesseiro, e dirige-se ao telefone, esperando ouvir do outro lado da linha, alguém que pudesse concretizar o desejo de se sentir amada e protegida. Contudo, ao atender o telefone, ouve o som da solidão no outro lado da linha. Referindo-se à possível mudez, de seu interlocutor, Roberta define o antagonismo desse ser mudo: não era ninguém. O absurdo dessa definição encontra eco no desespero de Roberta – o clique e o desligamento daquela esperança. Roberta o define como solidão. E seu desespero aumenta, numa dimensão cujo questionamento não é possível de realização. Ao analisarmos uma dada situação, estamos distantes não apenas da situação propriamente dita, mas também, das nuanças que envolveram essa situação.

Por mais que tentemos penetrar o desespero de Roberta naquela noite, estamos abismosamente distantes dos fatos, que realmente a circundaram em aguda profundidade. A emoção de seu depoimento, por maior que seja a eloquência transmitida, ainda assim não é capaz de reproduzir a verdadeira essência do fato em si. As palavras esvaziam o verdadeiro significado das emoções, sentimentos e do próprio existir; a efusão de seu depoimento não pode transmitir o profundo desespero que sentia naquela noite. As palavras expressam significados e representações que podem ter valor como formas de expressão do homem, mas não conseguem transmitir aquilo que transmite um olhar, por exemplo. A análise que fizemos do caso, por mais que abrangente e profunda que possa ser, ainda assim, atinge apenas tangencialmente a verdadeira emoção presente no ato. Roberta e seu desespero tocam a profundeza de nossas entranhas, quando deparamos com os detalhes de sua ocorrência e significado. Assim como lembramos situações prazerosas sem, contudo, apreender pelas reminiscências de memória, o prazer, a dor e desespero se fazem presentes à nossa percepção, somente por meio da lembrança de situações desesperadoras; a dor e o desespero igualmente não são possíveis de serem apreendidos em sua verdadeira essência, pelo simples rememorar. Roberta narra sua trajetória de dor sem, contudo, ter como expressar a verdadeira essência.

A atitude fenomenológica reconstrói os fatos e elementos daquela noite; contudo, não há como fazer o registro da verdadeira essência desses sentimentos. A atitude fenomenológica reproduz de forma ímpar os elementos e o significado da ocorrência ou evento, atribui a isso o real significado da existência, pois os momentos e os sentimentos não se repetem duas vezes. Por exemplo, a emoção de um beijo não pode ser transmitida ao outro em toda a sua extensão, nem tampouco ser repetida. Emoção, sentimento e afeto são fenômenos únicos. A dor e o sofrimento de Roberta tampouco serão reproduzidos numa análise fenomenológica, pelo respeito que esse procedimento lega ao fenômeno.

O palpitar dos nossos corações, diante da eloquência do depoimento de Roberta, não é o mesmo que o de seu coração, naquela noite. A nossa inquietação adquire contornos diante daquilo que ela viveu, pois, o fenômeno como fenômeno nos mostra apenas a faceta da dor e do desespero estampados ao longo do depoimento. Sua natureza, bem como os aspectos circunstanciais desse desespero, não se reproduzem no fenômeno de ser. O que é não está fixado, está acontecendo, e quando acontece transforma sua natureza de modo a alterar até mesmo sua essência; até mesmo o significado das coisas pode mudar, conforme situações circunstanciais, de um extremo ao outro.

Quando Roberta diz que até mesmo a solidão tinha companhia mais interessante, está direcionando seu vazio existencial para determinantes imagináveis, a fim de apreender o real significado desse vazio e dor. Na sacada é incisiva, ao dizer que estava sendo atraída pela rua; e a rua com imagens de pessoas e objetos acenava com a constatação da ausência do outro, que embora estivesse na rua, se ausentava em sua vida, que clamava por proteção e afeto.

Atirar-se ao encontro da morte era, também, ir ao encontro do outro: seria finalmente protegida; e se não fosse amada como pretendia há alguns minutos seguramente provocariam ao menos sentimentos de complacência. De alguma forma passaria a ter significado para o outro, ainda que como vítima de um ato considerado desprezível pela maioria das pessoas. Sentindo-se mártir da própria solidão redimia os pecados do isolamento social em que as pessoas se encontram nas grandes cidades. Atirando-se de forma tão escancarada, que as razões de seu ato encontrariam na solidão um elemento de união e consequência. Ela se torna o público que assiste ao drama de seu infortúnio: a plateia verdadeira a presenciar a todos os atos do drama; e apesar de estar indo ao encontro do outro, tão ardentemente desejado, Roberta tem a preocupação de fechar a camisola, para proteger sua nudez contra o olhar de reprovação do outro.

O suicídio tem uma conotação de condenação para muitas pessoas, e isso estava claro para ela. Mas o ato do suicídio em plena nudez seria inadmissível, mesmo em sua fragmentação de dor e desespero. A nudez representava toda a moral envolta em sua atitude masturbatória. O desejo resplendente em seu corpo será de alguma maneira inadmissível ao domínio público; a sexualidade, a ausência do outro não se manifestariam com proteção da nudez. Atirar-se ao encontro da morte sem proteção dessa nudez poderia incidir sobre o ato conotações bastante diversas daquelas que de alguma forma o nortearam.

Roberta não tinha intenções de polemizar quaisquer questionamentos que envolvessem aspectos sexuais ainda que deles não participasse; sua intenção era escancarar a dor e o desespero da solidão – a nudez mudaria a análise do fato para outra ótica. O suicídio, vimos anteriormente, é um ato envolto em muita violência, ao justapor suas vítimas em outra configuração de violência, considerada a partir do ponto de vista da moral social, que permeia as relações interpessoais. A nudez daria ao seu dimensionamento uma configuração que certamente transcenderia toda e qualquer tentativa de análise projetiva. Um ato que envolvesse uma tentativa de suicídio e tivesse a vítima num estado de nudez total, seria interpretado como fruto de uma patologia, em que o paciente, sem lucidez em seu ato, fere a todos em dois aspectos mitificados de modo irracional: o suicídio e a nudez; a patologia, se existente, não se localiza nos trajes da vítima, mas no ato em si. Determinando a tentativa de suicídio como encontro da dor, provocada pelo desespero de saber e se sentir só.

Roberta configura a dor que, de uma forma ou de outra, se depara com o drama individual. Ao trazer o espectro da solidão, Roberta prova a todos que a consciência de sua problemática não é individual, mas se localiza no desespero do homem contemporâneo. A morte buscada com avidez é o desdobrar da existência em suas configurações inatingíveis. Morte, possibilidade inerente ao existir, e que determina a finitude dos projetos existenciais. Morte que, ao ser buscada por ela, como opção ao seu desespero e também como um alívio para a sua dor existencial. E assim aconteceu. Roberta se atirou ao encontro não apenas da morte como também da morte vista como alternativa a seu desespero, que, ao transcender a própria dor num ato de arrebatamento, saltou rumo às possibilidades que a rua configurou, ao menos naquele instante.

O desespero e a dor da solidão foram atingidos por um acidente de consequências imprevisíveis, e a dor d'alma, que estrangulava sua totalidade, se refletiu na dor física provocada pela queda e consequência da condição de ser só. Ressalta-se o fato de que Roberta, ao contrário de pacientes que configuram determinadas patologias mentais, vive tão afastada da existência normal, que nem percebe diferença entre perturbação e sanidade e por isso não sofre as agruras de seu isolamento. O homem é aquele ser que depende de seu coração, e se não for capaz, por razões ou circunstancias externas, terrivelmente diversas ou até mesmo patologias que possam acorrentá-lo, de afirmar o seu ser, ele perde gradualmente essa condição humana.

Roberta sentiu sua emoção se esvair, na desesperança de encontrar o outro, alívio imediato para a sua situação de abandono, e com esse outro se encontrar, em seu imutável processo de ser. Roberta procurou o caminho que se afigurou como o mais fácil – lembramos que, segundo seu depoimento, sentiu a cabeça rodando, demonstrando a perda de uma reflexão lúcida sobre suas reais possibilidades existenciais. Foi como que obrigada a encontrar a espécie de distúrbio, que somente a morte redimiria, ao afastá-la de seus reais conflitos. Nas palavras Sartre, citadas por Van Den Berg[45]: *obrigado a encontrar: estava (embora não completamente) obrigada a fazer uma (também não completa) escolha.*

A posterior afirmação, colocando a fração de segundos que separava sua queda do estrondo de seu corpo sobre o veículo, possibilitou a reflexão sobre algumas passagens de sua vida é por assim dizer, uma reflexão também encontrada com cera frequência no depoimento das vítimas da tentativa de suicídio. Roberta coloca que ao refletir sobre os fatos de sua vida se configurou na sequência, o arrependimento pelo ato, naquele momento, do suicídio-destruição e fim de toda e qualquer possibilidade existencial que não a morte. E ao afirmar que Madame Morte receberia mais uma pessoa, que num momento de extrema lucidez havia por ela procurado, para encontrar alívio do desespero humano, Roberta mostra a intensidade do amargor da decisão. Assim, ir ao encontro da morte colocaria não apenas a questão do sofrimento humano em discussão, mas, também, a transcendência da morte, frente ao desespero humano.

A existência humana, vista como um corolário infinito de sofrimento, encontra na morte o findar dessa situação cáustica: Roberta sorriu naquele momento, que seria o último, não fosse o veículo fortuito, que involuntariamente aparou sua queda. Sorriu e seu sorriso teve a

---

[45] *O Paciente Psiquiátrico. Op. cit.*

configuração que, se de um lado estava indo ao encontro da morte, de outro teria o alívio para sua dilacerante dor. O suicídio foi a representação extrema do fim de todas as questões filosóficas, que pudessem aliviar o aniquilamento de seu ser, e frente ao arrependimento, no intervalo antes da queda, um sorriso para o momento fatal – a ambiguidade, apresentando a controvérsia inerente à existência, tem suas múltiplas facetas: vida e morte, alegria e tristeza, sorriso e dor.

A vida que agonizava diante de uma propulsão mortal, que atirou no espaço uma vida inerte de dor e desespero, e o encontro dos extremos, um ato que se tornaria final, é determinante de que, a existência em suas alternâncias extremadas, se faz presente em todas as situações onde o ser é arrebatado de sua condição de transformação. Contudo, se a vida apresenta tantas facetas, que se extremam em situações circunstanciais variadas, não seria no momento da morte que essa ambiguidade deixaria de se configurar. A questão do arrependimento evoca, por outro lado, a atitude realizada sem uma prévia reflexão pormenorizada. E, ao pairar no ar, como um possível questionamento de que se o suicídio houvesse sido planejado, durante dias ou semanas, esse arrependimento não se faria presente, nossa análise vai ao encontro de outros pacientes que igualmente se arrependeram, apesar do prévio planejamento que realizaram. Isso talvez se configure com o fracasso da tentativa. A situação legadas às vítimas, diante do fracasso de seus atos e o enfrentamento do olhar do outro, geralmente condenatório, diante de tais circunstâncias, fazem com que essa questão não possa encontrar uma resposta meramente constrita no ato. O fracasso do suicídio não pode ficar simplesmente restrito ao fracasso, mas também abranger o fracasso da decisão existencial que o elegeu como a possibilidade existencial viável ás vicissitude da vida. O suicídio ao ser decidido traz sobre si todas as polêmicas e celeumas que o envolve. O paciente deixa para traz todas as possíveis controvérsias bem como a censura do olhar do outro. Consequentemente, o fracasso reativa essas polêmicas, bem como o olhar do outro de forma inatingível pela razão, e, portanto, até pela não razão: o paciente sente não apenas as consequências orgânicas do ato – representadas muitas vezes por cirurgias, hospitalizações, lavagens gástricas, intenso tratamento clínico e medicamentoso, etc. – mas, principalmente, as existenciais, que envolverão desde aspectos morais e filosóficos até aqueles meramente desprovidos de sentido e razão.

O outro irá colocar no paciente toda a dimensão desses questionamentos, e na medida em que sua condição é muitas vezes agravada por uma debilidade física, tal condição adquire uma dimensão inatingível. Roberta refletiu sobre seu fracasso, quando se encontrou entre a esperança da vida e a possibilidade de voltar a andar. A vida acenava como possibilidade real, o andar era apenas algo insólito, diante da gravidade de seu estado físico: a autodestruição adquire contornos que se transformam com o ato em si. Roberta não morreu, mas estava diante de uma possível paraplegia, o diagnóstico médico não era definitivo e acenava como esperança diante da gravidade de seu estado. Em caso de resultado positivo, a cadeira de rodas seria o instrumento que conduziria Roberta e sua trajetória de destruição. Na hipótese de voltar a andar, teria na queda e na incerteza de seu restabelecimento, a mitificação do suicídio como um indício de fracasso, diante de uma das possibilidades existenciais de sua vida. O suicídio se manifestou de forma irreversível e poderia deixar sérias sequelas físicas – a autodestruição adquiriria contornos que mostrariam ao olhar do outro a extensão de seu drama. Mesmo ausente, o outro determinou a dimensão de sua dor que agora se formaria presente e a censuraria pelo fracasso de seu ato.

Nas palavras de Van Den Berg[46]: *Aqui nesta vida jaz a possibilidade desta vida. Aqui reside a explicação desta vida, na medida em que pode ser explicada, pois há muita coisa acerca da vida que não pode ser explicada e que, aliás, nunca foi. A vida certamente não é um nevoeiro, mas é certamente um mistério. E que assim continue sendo: o fenomenologista nunca tem necessidade de hipóteses. As hipóteses surgem quando a descrição da realidade termina prematuramente. A fenomenologia é a descrição da realidade.*

O caso de Roberta nos mostra essa realidade de forma direta, e ao adentrarmos na análise dessa realidade nos defrontamos com o fenômeno pelo fenômeno sem hipóteses teóricas ou injunções casuísticas que nos direcionam para o campo frio e distante das observações sem qualquer conexão com o fenômeno.

Roberta nos mostrou sua luta contra a violência provocada pela dor e desespero da solidão em sua dignidade existencial. E ao constatar que nunca havia pensado em suicídio escancara não apenas a ideia, bastante

---

[46] *Ibidem. Op. cit.*

em voga na psicologia contemporânea, de que o suicídio encontra eco nas pessoas potencialmente suicidas, como também ao quietismo legado ao campo das discussões por essa ideia. Se Roberta não é uma paciente que já tinha o potencial suicida, e seu depoimento nos leva a crer que não, a questão nos remete ao encontro da análise de autodestruição presente na condição humana.

Vimos noutra parte desse trabalho que a autodestruição se manifesta de várias maneiras sob o homem contemporâneo. A ideia de suicídio como uma ocorrência que acomete apenas a determinadas pessoas portadoras de certas patologias mentais é desmistificada, nos levando ao encontro do suicídio como aquilo que realmente é: uma possibilidade existencial resultante de uma decisão que pode trazer sobre si aspectos de lucidez ou não, mas nunca uma polêmica a envolver apenas pessoas consideradas potencialmente suicidas. Uma pessoa talvez não cometa o suicídio pela queda livre como fez Roberta, mas ao fumar um número significativo de cigarros, diariamente, está assumindo um cerimonial de destruição inserido no mesmo rol daquele vivido por ela. Seu depoimento acentua significativamente a situação extremada de sua vida: o suicídio foi tentado numa noite quente, uma daquelas noites em que o corpo pede ardentemente para ser amado. E nessa noite, em vez de ir ao encontro do amor reclamado pelo seu corpo, foi ao encontro de uma possibilidade que, se não pode ser considerada desamor, seguramente não pode ser definida como alternativa de afeto e calor, a menos que a conceituação da morte encere sobre si tais aspectos. Na noite em que a imaginação dos amantes e poetas se transforma em rimas e elegias, a solidão de Roberta encontrou o canto de desespero de sua morte e, respondendo ao apelo de sua alma, buscou alívio para a dor na incongruência do sofrimento,

Nas palavras de Buber[47]: *(...) se a solidão é uma fortaleza da separação onde o homem mantém um diálogo consigo mesmo, não como intuito de pôr-se à prova e de dominar-se em vista do que o espera, mas para desfrutar-se a complexão de sal alma, tal é a decadência do espírito na espiritualidade.*

E ainda que a ausência do outro tenha se manifestado de modo adverso em seu drama, Roberta se abriu numa dimensão onde o outro

---

[47] BUBER, M., *Eu, Tu*. São Paulo: Editora Moraes, 1977.

se tornou parte de si pela ausência. A palavra-princípio eu tu, só pode ser proferida pelo ser na sua totalidade. Não há eu em si, mas apenas o eu da palavra-princípio eu tu e o eu da palavra-princípio eu isso. Quando o homem diz eu, ele quer dizer um dos dois, o eu ao qual ele se refere, está presente quando ele diz eu. Todavia, a grande melancolia de nosso destino é que cada tu, em nosso mundo, deve se tornar irremediavelmente um isso. Por mais exclusiva que tenha sido a sua presença na relação imediata, tão logo tenha deixado de atuar ou tenha sido impregnada por meio, o tu se torna um objeto entre os objetos, talvez o mais nobre, mas ainda um deles, submisso à medida e à limitação. Roberta viveu o risco de ser só, sem com isso ocultar uma opção em que aboliu a gama de possibilidade inerente à vida. O suicídio e a dor se tornaram pequenos fragmentos de uma existência encharcada pela solidão. Ela viveu uma dualidade onde a alternância da vida e da morte se mostraram com a configuração de todas as outras dualidades que havia vivenciado em sua existência. Assim, é: a fenomenologia nos mostra que nada saberemos da realidade, se esta não for apreendida em sua totalidade. E a realidade do caso de Roberta nos mostra dados que transcendem toda e qualquer explanação meramente teórica que se distancie do fenômeno.

DESESPERO E MISÉRIA

Pai, porque me abandonastes?

A. Relato do caso

Sabe, moço, meu lar é na rua. Nos baixos do viaduto, lá no Glicério. Na rua, durmo nos baixos do viaduto. E faz tanto tempo que ninguém me chamava de senhor, que até fiquei comovido. Nossa vida, nosso teto é a rua.

A vida na rua é muito difícil. Tem alguns que até gostam dessa vida, mas eu não estou aguentando mais... Meu nome é Francisco de Paula, mas aqui na rua me chamam de Chicão. Mas no passado vivia que nem a maioria das pessoas, tinha casa e trabalho e tudo mais que as pessoas normais possuem... Era garçom e trabalhava no *Pigalle,* um restaurante francês, e era especialista em fazer crepe-suzette... Pode parecer mentira, mas juro, por tudo que é sagrado, como é verdade. Eu mesmo não consigo acreditar.

Quando penso na outra vida que tinha, tenho a sensação, sei lá o quê. Penso que não é possível que tudo isso tenha se passado nessa vida... É difícil contar... Foi tanta coisa junto, que nem dá pra saber ao certo o que aconteceu...

Foi tudo muito difícil. Tinha dois filhos com a Cida. A gente morava aqui perto, no bairro do Bexiga. Era uma casa pequena, mas tinha um quintal bom, para as crianças brincarem. Como era garçom, tinha os horários muito quebrados. Saía de casa às dez horas da manhã, para enfrentar o turno do almoço e voltava para casa lá pelas quatro horas da tarde. Depois, por volta das seis horas, pegava outra vez no batente, para enfrentar o turno da noite. Daí voltava para casa de madrugada. A Josefa irmã da Cida, também morava com a gente e olhava as crianças, quando a Cida precisava sair. Ela saia muito, nem sei para que saia tanto, ou melhor, hoje em dia sei...

E todas as vezes que eu perguntava aonde ela ia, a discussão era inevitável. Ela dizia que não me devia satisfação. A gente brigava sem parar. Bastava ficar perto para ter discussão e baixaria... As crianças choravam muito, quando a gente brigava. A Josefa levava os dois para dar uma volta e afastá-los daquele inferno que se tornavam nossas discussões. E, mesmo assim, eu gostava muito dela... Era muita baixaria. Num dia, no meio de uma discussão, ela fez uma revelação que me arrasou: tinha outro homem e havia decidido ir embora com ele. Foi como se tivessem me apunhalado. Sem piedade.

Aí compreendi tudo, A Cida não mais se importava comigo e por isso saia tanto de casa. Buscava fora, aquilo que não conseguia obter com o marido. Aquilo era impossível e não aguentei. Dei-lhe uma bordoada no meio da cara. Ela chorou muito. Daí, então, fiquei desesperado que dessa vez estava tudo perdido.

Saí para rua. Fui beber. Bebi até cair.

No dia seguinte, conversamos. E ela então me disse que iria embora com o outro... Nova apunhalada. E dessa vez mais profunda e dolorida. Eu estava até querendo perdoá-la e reconstruir nossas vidas... Eu não tinha condições de ficar com as crianças. Ela foi embora e levou os meninos. E pior de tudo, foi morar lá perto de casa.

Cai na bebedeira.

Às vezes, passava na casa dela, para ver as crianças. Não aguentava tanta dor. Estavam todos contentes com a nova vida. As crianças até falaram que agora estava tudo bem, pois não viam mais o pai brigando com a mãe. Daí, moço, foi o fim.

Bebi até não poder mais. Perdi o emprego. De tanto porre que tomava, mais faltava, que trabalhava. Tentava. Relutava. E me arrebentava. Entreguei a casa. E passei a perambular pelas ruas da cidade.

Pra essa degradação, foi um passo. Cai tanto, que não é possível pensar noutro tipo de vida. Essa é minha vida: miséria, lixo, violência, violência e tudo que acaba com o resto de decência da gente... Eu não aguento mais essa vida. Não dá para você imaginar, moço, o que é ser acordado pelos ratos e baratas. Tem vezes, que os ratos atacam e até mordem, quando estamos dormindo. E o porre, às vezes é tanto, que a gente nem sente nada. É terrível. Viver com ratos é coisa para ratos. E não para Gente.

Baratas, baratas e baratas. Elas são tanto lá pedaço, que não causam menor espanto. A nossa comida é guardada no canto quinado do viaduto. E quando se vai comer, a primeira coisa que se tem de fazer é preparar o estômago e tomar uma branquinha, para ajudar a descer...

Vivemos com a sobra dos restaurantes e bares do bairro. Ninguém morre de fome na rua. A sobra, o desperdício é muito grande. E, além de tudo, conseguimos algum dinheiro com os nossos trambiques. Tem dia que até comemos melhor que muita gente, não fosse os ratos e baratas que nos espreitam, incessantemente. Apesar de tudo, são os únicos que se preocupam com os bêbados e vagabundos.

A violência que a gente enfrenta é de outros vagabundos que roubam as nossas coisas. Sabe, moço, impossível você imaginar, mas somos assaltados e até mesmo esfaqueados, enquanto dormimos. Já não temos decência e ainda somos roubados. O difícil mesmo são as brigas.

O pessoal bebe. E fica transtornado. E briga por qualquer motivo. Até morte, acontece... E quando alguém morre, a polícia vem e pega o corpo. E leva pra não sei onde. E tudo continua igual. Esse ano, já morreram uns quatros ou cinco companheiros. E nunca aconteceu nada pra ninguém. Quando morre alguém na rua, a polícia deve dar graças a Deus. É um trapo a menos, para não sujar o lixo da cidade.

Na rua é como se existissem vários territórios. Em cada um deles existem regras e padrões próprios. Isso tudo, no meio de muita briga e violência. Dificilmente uma pessoa se muda do grupo. O grupo, às vezes, se muda de lugar. Isoladamente, só no caso de desentendimento sério com o grupo. O pessoal está sempre no maior porre. Bebedeira lá é rotina.

Lixo e violência. Ratos e baratas. É difícil, moço. A minha família pensa que eu sumi, morri, sei lá o quê... Acho que nem podem imaginar o trapo humano eu que eu me transformei. De vez em quando, passo lá perto de casa onde eles moram, e vejo as crianças de longe... Daí, moço, é como se me apunhalassem o coração com bastante vigor... A dor é insuportável.

E foi num desses dias que a coisa aconteceu. De tarde, lá pelas cinco horas, mais ou menos, passei perto da casa da Cida, e sabe o que vi moço? A Cida saindo para passear com as crianças e o novo marido. Nunca imaginei que pudesse sentir tanta dor de uma só vez... Sentia o coração pisado... Não aguentei, voltei pro viaduto e bebi até não poder mais. E depois dormi. Acordei no meio da madrugada. Olhei o céu e vi minha desolação. Como era possível os companheiros também não estarem chorando diante da minha dor... A cabeça doía, as ideias estavam confusas. Acho que nunca tinha bebido tanto, como naquela noite.

Comecei a andar pelo viaduto e depois pela rua. De repente, vi que, ao longe, vinha o caminhão de lixo. E pensei: acho que eles estão limpando a cidade. E quando o caminhão chegou perto, me atirei na frente das rodas dianteiras. Foi um estrago só, moço, mas não consegui morrer. Nem mesmo aquele caminhão de lixo quis saber de um trapo como eu...

Não sei mais nada, moço, o meu pensamento é uma mistura da vida na rua e da vida com a Cida... Tudo é muito confuso... Eu não sei se a dor das fraturas é maior do que a dor que sinto no coração... Tudo é muito difícil, até de pensar...

Ontem o motorista do caminhão de lixo veio aqui me visitar, pra saber como eu estava. Coitado. Perder tempo com um trapo humano, quando existe tanto lixo pra ser recolhido na cidade. O que eu mais queria, agora, era receber a visita das crianças... Mas acho que elas nem devem lembrar mais, que eu existo... Moço, será que tem jeito de alguém trazer as crianças, aqui no hospital? Eu sei o endereço deles. Sabe, moço, é só isso que eu quero da vida, ver as crianças... Depois, podem me levar pra outra vida... E depois, quem sabe, eu viro santo como S. Francisco de Assis...

B. Algumas considerações sobre o caso

Se o caso de Roberta apresentava indícios bastante acentuados de solidão, o caso de Francisco, por outro lado, apresenta sinais de extrema violência. Violência esta, que transcende àquelas situações assim definidas e expressas; situações conflitivas que envolvem agressão física, entre várias pessoas. A violência na qual a vida de Francisco se vê envolvida; é algo que transcende a conceituação etimológica. Violência que; ao determinar parâmetros à sua existência; determina também à reflexão sobre as condições a que se vê exposto em suas alternativas de vida. Nas palavras de Laing e Cooper[48], *a violência e a contraviolência serão talvez, contingências, mas são também necessidades contingentes e a consequência imperativa de qualquer tentativa para destruir esta desumanidade é que, ao destruí-la no contra-homem só posso nele aniquilar a humanidade e assim realizar em mim a sua desumanidade. Matando, torturando ou simplesmente mistificando, meu objetivo é suprir sua liberdade – esta é uma força estranha, algo de trop.*

A violência de Francisco é expressa pelo teor de seu discurso e dá dimensões inatingíveis ao seu sofrimento.

Seu depoimento se inicia, mostrando o constrangimento que sentia, ao ser chamado de *senhor*. Referir-se a determinada pessoa, a chamando de senhor, significa dar a ela uma forma de respeito à sua condição humana. A palavra exprime um tratamento de cerimônia em relação ao outro, e expressa também um título nobiliário, intermediando o relacionamento entre as pessoas. Assim, ao nos referirmos a alguém o chamando de senhor, estamos conferindo a essa pessoa uma condição que transcende o cerimonial do uso desse simples substantivo. A cultura ocidental trata como *senhor* aquele que muitos acreditam tem o poder maior sobre o Universo: Deus. *Senhor* confere ao outro, não apenas uma formalidade de relacionamento interpessoal, mas um sentido de dignidade à existência.

Francisco, na vida da rua, não mais tinha referencial desse tratamento e, ao se referir, que havia ficado comovido, está contrapondo esse

---

[48] *Razão e Violência. Op. cit.*

tratamento com a desolação de sua realidade. Ser chamado por *senhor* se torna distante de sua realidade existencial, pela condição de sua vida na rua: *senhor* se tornou tratamento que, seguramente, não mais recebeu, por ser apenas uma pessoa em situação de rua, alguém que recebia apenas restos de comidas e objetos das pessoas. Dificilmente, nesta vida de rua, seria tratado como um ser humano, alguém merecedor de respeito. Nesse sentido, Francisco pôde se sentir alguém, cuja vida estava merecendo um sinal de respeito. Um indício de amor e ao mesmo tempo determinante da realidade.

Francisco se refere à rua, como sendo sua moradia. Se para a maioria das pessoas é simplesmente o caminho entre casas, muro, árvores, etc., a rua era para ele a expressão que melhor definia aquilo que seria o seu lar, moradia e até mesmo o teto que o abrigava da chuva, do vento e do frio. Ao defini-la como seu lar, Francisco pontua também a extensão de sua vida devassada, diante da incerteza que essa definição abarca e conceitua. Em seu depoimento, Francisco esclarece que, apesar de existirem pessoas que apreciam a vida na rua, para ele era completamente insuportável, se sentia diferente em relação a maioria das pessoas, dizendo que, anteriormente, havia tido casa e trabalho, e tal situação, diante de sua dura realidade, pareceu tão insólita, que ele mesmo antecipa a incredulidade do outro e mostra o seu descrédito, contrapondo a isto suas formas de vida, sentindo-as *como vidas vividas em outras épocas e planetas*. De garçom de um fino restaurante francês a simples esmolar de restos de comidas, pelas ruas da cidade, era demasiadamente absurdo para ser verdadeiro, à sua percepção, tão irreal quanto ele. Sentia-se agonizando, devido à amargura provocada pelo relembrar de fatos passados, que acresciam ao presente uma dimensão muito cruel.

Francisco se refere à sua profissão, evidenciando que não era um simples garçom de um restaurante qualquer. Mas, ao contrário, era garçom de um restaurante especializado em pratos franceses e frequentado por pessoas que exigem do garçom um requinte na arte de servir refeições. Dizia, inclusive, que era especialista, em crepe-suzette, sobremesa cujo preparo é feito na mesa dos clientes e exige um conhecimento pormenorizado no lide com o incremento e combinação das iguarias. Portanto, garçom elitizado, garçom cujos préstimos profissionais implicam um alto aprimoramento profissional: garçom numa realidade bastante diferente de sua realidade de rua. Conviveu com pratos franceses, servindo clientes que, se não eram de origem europeia, ao menos apresentavam a estipe de procurar o que de melhor existia no restaurante. Foi garçom em uma realidade, que exigia de si, atuação e desenvolvimento profissional, que o tornara diferente até mesmo de colegas de trabalho. Também possuía habilidade de poucos, na arte de executar os pratos, diante da apreciação final do cliente que, inclusive, envolvia a ilusão gustativa presente no ato da alimentação; expunha o produto final de seu trabalho, não apenas ao aprumo da aparência, que envolvia simplesmente a estética, como também expunha aos paladares mais exigentes a análise desse trabalho. Tal distanciamento entre as realidades que viveu, se torna mais evidente, quando contraposto com tais detalhes e circunstâncias: de crepe-suzette a restos de comida: do fino e requintado ao convívio direto com ratos e baratas. Tais evidencias tornam verdadeiras as palavras de incredulidade, manifestada por Francisco.

Era inacreditável o convívio com realidades tão extremadas e diferentes. Francisco jura, por tudo que é mais sagrado, procurando dar veracidade ao seu depoimento. Entretanto, Francisco não pede apenas credulidade às suas palavras, pede também credulidade a si, diante do insólito. O distanciamento dessas realidades, no momento em que é colocado, dá ao paciente a dimensão do absurdo de convergência de situações tão extremadas numa mesma vida. Este sentido é referido por Francisco, quando coloca que devem ter sido vivências e experiências ocorridas em outra época e planeta. Torna-se totalmente inaceitável para si, que todos os fatos façam parte da mesma e isolada existência; ocorridas em tempos próximos e que fortes contornos aos seus enredamentos. A separação de tais fatos só pode ser feita pelo distanciamento dos fatos em si, e não pela possível separação cronológica. Francisco mostra que o conceito que possui de si é irreal, diante do outro e do modo como o outro pode percebê-lo. A percepção do outro, sobre o seu fenômeno de ser, mostra a Francisco sua relação com o olhar do outro de tal modo, que a verdade de suas palavras não é contestada pelo outro e sim pela sua percepção sobre esse fenômeno. A percepção se torna dimensão de sua percepção de forma que, o direcionamento de seu depoimento é determinado por sua percepção, a partir de como ele percebe que o outro a percebe. Essa percepção é assim, a realidade de seu fenômeno de ser.

Francisco não tem como conceber que a sua vida possa apresentar fatos tão inusitados, que a sua percepção não tinha como apreendê-los de forma real e verdadeira em sua fé perceptiva. Os fatos de sua vida são irreais, como a sua própria vida parece irreal, *foi tanta coisa junto, que nem dá pra saber ao certo o que aconteceu*. Essas palavras mostram o hiato de seu depoimento, diante do alcance dessas palavras em relação ao fato e à maneira como sua percepção os concebe.

Francisco inicia o relato de sua vida com a esposa, referindo-se aos filhos como vínculos que possuía e que atualmente não existiam: *Tinha dois filhos com a Cida*, e não tenho dois filhos pelos depoimentos. Pelos depoimentos, os filhos deixaram de ter com ele laços sanguíneos e de paternidade. Os filhos não mais existiam, como em outros momentos à sua outra forma de vida. Simplesmente inexistiam em sua condição de homem de rua. Os filhos eram resquícios da outra vida e, de alguma forma, traziam à sua consciência a impossibilidade dessa vida, num contraponto com a vida atual. O pai que concebera filhos foi o Francisco dos tempos de garçom. Um pai que possuía uma profissão esmerada e que certamente daria segurança aos filhos, diante das incertezas da vida, e não o Francisco da rua, que tinha como teto apenas os baixos de um viaduto qualquer. Sua vida familiar foi semelhante àquela de inúmeras pessoas com as crianças brincando numa casa modesta, mas com um quintal para essas brincadeiras, uma vida onde a rotina entre o trabalho e as relações familiares era quebrada, pela alternância de seus horários de trabalho, em função dos períodos diferentes de atividades.

Na medida em que o nosso mundo não é apenas um amontoado de objetos, que podem objetivamente ser descritos, a realidade existencial de Francisco era sua casa, ambiente que também era parte inerente de sua companheira e que, portanto, fazia parte da realização de subjetividade. Ao tentarmos compreender a existência de Francisco teremos de prestar ouvidos à linguagem dos objetos que circunstanciaram essa existência. Francisco refere-se às suas duas formas de vida, como tendo duas casas distintas, uma real, pequena, mas com um bom quintal para que as crianças pudessem brincar, e a outra, mera redução sem significado, diante do significado literal da palavra *casa*, existindo como tal, apenas em sua subjetividade. Ao existir nesse contexto, Francisco configura a idealização dessas casas, se tornando ele mesmo, a configuração dessa idealização. Sua realidade era a vida nesse contexto: a Cida, a casa, os filhos, a cunhada e o trabalho.

As frequentes discussões eram parte desse cotidiano, Eram situações conflitivas e, segundo sua percepção, inevitáveis diante das atitudes da esposa. Francisco diz que, na ocasião das brigas, desconhecia as razões que faziam com que Cida se ausentasse tanto e, portanto, dele mesmo. A revelação foi feita num momento de briga, baixaria, como ele mesmo relatou, momento em que sentiu seu coração apunhalado pela dor que tal revelação provocou, brigas e baixarias, indícios da violência que o vitimava e que apresentaria sinais ainda mais alarmantes, no seio de sua ocorrência. A reação de Francisco foi tão violenta naquela revelação: *Dei-lhe uma porrada no meio da cara.* Diante do choro da companheira, a amarga realidade que se expressou em seu campo perceptivo: a compreensão de que *estava tudo perdido.* Numa reação sequencial, foi ao encontro de uma das formas de autodestruição colocadas ao alcance e ao dispor de todos: a ingestão excessiva de bebidas alcoólicas. A violência reagindo de forma violenta. Violência que nada mais é o do que a ação da liberdade sobre a liberdade pela mediação da matéria inorgânica.

Nas palavras de Laing e Cooper[49], *a violência, seja ela dirigida ao contra-homem, contra o próprio irmão, como liberdade para aniquilar a liberdade, como terror, fraternidade, etc., é, em todos os casos, um reconhecimento recíproco da liberdade e da negação (recíproca ou unívoca) da liberdade, por intermédio da inércia da exterioridade: a violência apresenta várias facetas, sem sua manifestação, mas em qualquer dessas manifestações, a questão que se manifesta de modo predominante é aquela que nos remete à questão de que o homem é o ser por quem, de alguma forma, o homem é reduzido ao estado de objeto odiado – coisa não humana. Implica um dimensionamento de que o homem e a própria destruição do homem são elementos que se apresentam como abstratos, recíprocos em si.* Assim, Francisco adquire a compreensão do ser como objeto, e se empenha numa luta como reciprocidade, na qual cada pessoa é a própria negação, visando não apenas transcender seu ser como objeto, mas, também liquidar o outro, para quem é objeto. Tentando dessa forma, a recuperação de sua objetividade, tenta liquidar o outro, liquidando o seu ser nessa condição de auto-destruição deliberada, como embotamento da consciência. Diante da decisão de Cida em morar com o novo companheiro, a situação

---

[49] *Razão e Violência. Op. cit.*

de Francisco adquire os sinais de violência manifestados na condição de alcoólico. Apresenta pequenas tentativas de reação, visitando as crianças em sua nova moradia.

Ao constatar que todos estão bem estruturados, em sua nova família, o desespero de Francisco é desolador. A condição de ser objeto se torna a realidade de seu ser. Constatava, a cada visita, que todos estavam vivendo em perfeita harmonia em relação à sua ausência. Francisco não se tornava presente pela ausência, ao contrário, se sentia presente apenas em situações reais de presença física. Sua ausência era a ausência dos resquícios de dor da Cida e das crianças, pelo desmoronamento da estrutura familiar. Estavam todos contentes com a nova realidade familiar, manifestando, inclusive, que agora estava tudo bem, pois não mais presenciavam as brigas constantes entre ele e a companheira. Era a ausência de sentido para a própria vida – a ausência manifestando, que o sentido dessa ausência era o entorpecimento da realidade dos fatos da vida.

Francisco decide pela autodestrutibilidade. Assume a bebida, como alternativa às suas agruras existenciais. Decide dar cabo da vida, de maneira lenta e gradual. Torna-se vítima do enredamento que deu à sua existência; a perda do emprego representa o início de sua degradação. A bebida torna impossível a conciliação da profissão e de seu sofrimento, o atirando ao encontro da dor e do desespero. Francisco não consegue se esvair dessa condição de total aniquilamento. Entrega a casa, e a degeneração de uma vida tem início de modo irreversível: deixa de ser Francisco, o garçom do restaurante francês, pai de família, passando a ser um simples homem de rua, perambulando pelas ruas e avenidas da cidade, em busca de vida. Exclui a família de suas possibilidades existenciais, sua ausência se torna definitiva no seio daqueles que, para ele, eram a razão da existência. Assim, como um paciente portador de câncer é corroído pela degeneração física, imposta pelo definhamento corpóreo, Francisco inicia um definhamento existencial. Definha na totalidade de seu ser, em consequência das condições de vida que escolheu e lhe foram impostas.

Ao dizer, que na rua é chamado de Chicão, Francisco dá outro atributo ao seu ser, que o difere da vida anterior. A questão do nome vai ao encontro da identidade das pessoas, e, ao mudar esse atributo pelo qual somos identificados e até mesmo definidos, estamos modificando as condições que nos delimitam circunstancialmente à existência. Sabe-se, por exemplo, que os religiosos, ao adentrarem para a vida religiosa sãos identificados por nomes diferentes daqueles recebidos, quando da ocasião do nascimento. Tal fato se dá em função de a pessoa haver mudado de realidade, modificando dessa forma os costumes, e as atitudes frente a vida, a própria denominação como identificada pelo outro. Francisco mudou sua perspectiva existencial e passou a ter outra denominação que, embora fosse derivada do próprio nome, oferecia ao seu ser a dimensão dessa mudança. Seu nome é Francisco e assim foi diante de sua vida anterior: na rua, passou a ser Chicão – simples derivativo de Francisco; nome que permaneceu em sua denominação de homem de rua, se tornando assim a congruência de seu ser, nessa divisão em duas possíveis e externadas vidas.

Uma vida que se define como *miséria, lixo violência, violência e tudo que acaba com o resto de decência da gente...* Uma vida onde a constância maior são os porres, as brigas e a presença intermitente de ratos e baratas; uma vida onde a miséria, uma das facetas mais violentas da própria violência, se mistura num emaranhado de lixo, sangue e degradação humana. Vidas que se misturam e se amontoam, num simples viaduto, entregues à chuva e ao sol, à violência de outros habitantes da rua. Um grupo que se escora na violência e a faz sentido de toda sua estruturação e até mesmo de permanência e continuidade. Grupo de homens de rua, que, pelos mais variados motivos e razões, se encontram num espaço comum e traçam paralelos existenciais, cujo único ponto de convergência é a violência. Grupo de sobreviventes, uma invenção prática diante da sobrevivência dessa violência, inerente à essa condição. Ou, ainda, nas palavras de Laing e Cooper[50]: *o grupo de sobrevivência é, em primeiro lugar, uma invenção prática de cada um da permanência de unidade comum, através de cada qual.* É liberdade, desejando se tornar inerte, práxis, buscando um meio de metamorfosear em exis, quando uma multiplicidade de liberdade cria uma práxis comum, a fim de encontrar uma base de permanecia para o grupo, produz por si mesma uma forma de reciprocidade, mediada por sua própria inércia.

Francisco se torna um ser-grupo e o grupo passa a ser sua existência e desventura existencial, permeada por *porres, lixo, ratos e baratas*. A

---

[50] *Ibidem. Op. cit.*

violência torna-se o sinal maior de evidência de sua decisão de autodestruição, que não encontra eco, sequer na violência de sua vida. Brigas ocorrem sem pretextos ou justificativas, simplesmente porque *o pessoal bebe e fica transtornado*. Nada pode dimensionar as razões desses indícios de violência, nem mesmo resquícios de outros tempos. Agora a violência se manifesta da constatação de seu ser como objeto. Violência que poderia transformar em agressão física e que tinha parâmetros perfeitamente delimitados, a partir do outro, e configurado em sua extensão pela ação e olhar do outro. A violência de sua condição de homem de rua é a violência da condição de degradação humana, diante da miséria enfrentada por todos aqueles que padecem vitimados por sistemas sociais desprovidos de justiça e solidariedade humana. A miséria deles, no entanto, é agravada no sentido de que são seres humanos atirados ao encontro da escassez, vivida com restos e sobras de outras pessoas. Miséria que tem contornos delicados e que nos mostra, pelo depoimento de Francisco, a condição insuportável dessa vida. para aqueles que possuem consciência da degradação a que estão submetidos.

Ao verificar que os ratos e as baratas eram os únicos seres que, de alguma forma, se preocupavam com o grupo, temos a constatação da maneira indescritível de como estavam sendo vividas todas as possibilidades inerentes à violência: assaltos, esfaqueamento e uma série infindável de brigas desprovidas de razão. Nesse sentido. configuram na condição a que estão expostos à escassez da realidade humana, de forma que essa passa a determinar que, para cada um, todo mundo passa a existir como objeto de consumo. Nas palavras de Laing e Cooper[51]: *como tal constitui a unidade negativa de multiplicidade humana. A utilização do objeto aqui e agora impede o seu uso ali, agora ou mais tarde. A escassez torna real a impossibilidade da existência coessencial. Sob o seu império, os seres humanos são vistos como futuros consumidores, como desnecessários, pelo menos, e, mais fundamentalmente, como uma ameaça. São vistos como quantidade e como intercambiáveis. O homem é questionado em seu ser, cada qual é demais. Cada qual existe como um ser humano, como uma espécie estranha, como outro que não eu. O outro é um perigo para mim. Eu sou um perigo para o outro (...). Onde a reciprocidade é alterada pela*

---

[51] *Ibidem. Op. cit.*

escassez, o outro é visto como em excesso, redundância, contra-homem, anti-homem, outra espécie.

Francisco se vê vitimado pela violência, na mesma medida que, ao adquirir consciência de si, violenta sua dignidade existencial. A limpeza dos corpos mortos pela polícia, dando a esses cadáveres a condição irredutível de um anonimato indigente, dá parâmetros constritos no relato de Francisco: um trapo a menos, para sujar a cidade, trapos humanos que precisam ser removidos da via pública, para que a cidade, já bastante suja por todos os tipos de lixo e detritos, não fique ainda mais deteriorada. A consciência de se saber um homem de rua, um trapo humano, proporciona ao depoimento de Francisco o desespero de quem se vê atirado num mar de lama existencial, do qual só é possível sobreviver, por meio da libertação acenada pela possibilidade da morte. O grupo de Francisco se configura como um grupo-como-permanência, segundo a conceituação de Sartre[52] – um instrumento construído em certas circunstâncias, a partir de um grupo-fusão. Num aspecto de nível considerado, o grupo é, primeiramente, somente a impossibilidade de cada qual de abandonar a práxis comum – ou, em cada pessoa, o ser do grupo é a morte como negação de todas possibilidades de ação estritamente individual.

Nas palavras de Laing e Cooper[53]: *Embora a unificação do terror se baseie no pensamento: "Eles farão isso comigo, se eu..." esta unificação cai na serialidade, já que este ser-outro (o Eles) é que une, em vez de separar. Os indivíduos encontram, cada qual, seu próprio terror no outro, idênticos todos. Está aqui, em toda parte (...), é possível que também exista uma preocupação mortal pelo meu comembro, o meu irmão, aquele que está a mim, ligado num elo indissolúvel, uma eternidade de presença sem futuro.* Francisco reitera em si a violência do grupo, os companheiros deixam de ser pessoas e passam a ser a agonia que o despedaça, sua vida são eles e a violência que representam em cada gesto. A ingestão excessiva de álcool é o ponto comum a todos os membros desse grupo-fusão: as pessoas não possuem condições de abandonar o grupo, e, a questão em si, não é saber se existem ou não multiplicidades recíprocas a unir esse grupo; inegavelmente, existem, e num emaranhado bastante

---

[52] *Critica De La Razon Dialectica. Op. cit.*

[53] *Razão e Violência. Op. cit.*

complexo de tal modo, que a sua compreensão exigiria uma análise de cada qual, em relação ao grupo e do grupo em cada qual.

Francisco separa sua realidade de homem de rua de sua família, ao colocar que esses pensam que *sumi, morri, sei lá o que...* A condição de trapo humano, que ele proporcionou a si foi, no entanto, preservada a seus familiares: poupou não apenas a si desse confronto, como os familiares, de constatarem que um de seus membros deixou de ter as características pessoais conhecidas, até então, para se tornar simplesmente alguém reduzido a trapo humano. Passa próximo à casa da companheira e, de longe, avista os filhos sem, contudo, permitir o reatamento dos vínculos sanguíneos que os tornam pai e filhos. Vê as crianças, na mesma dimensão em que vê seu ser. Ele não mais se permite pertencer àquelas crianças, sua realidade não contemporiza mais momentos de arrebatamento com aquelas criaturas que, apesar de serem sangue de seu sangue, se encontram distantes de todo e qualquer contato. Sente a dor estrangular o coração, ao ver as crianças e essas sequer sabem desse sofrimento. Nem mesmo dimensionam que, em algum ponto distante, estejam sendo observadas pelo pai. Francisco constata, que os laços de paternidade não se configuram apenas no fato de se possuir os mesmos traços sanguíneos, mas, principalmente, pela convivência e, ao perdê-la, perde também a condição de pai. Percebe que a configuração de seu sofrimento, estampado na sua condição de homem de rua, é a desolação de uma situação irreversível e extremada, de sofrimento e desespero. O pai Francisco deixa de existir e transparece que as crianças, ao paternalizar a figura de padrasto, o excluíram de todas as possibilidades existenciais da relação pai-filhos. Isto se agrava mais, pelo fato de ele haver se distanciado desse convívio, estando até mesmo impossibilitado de se mostrar como existente. Ao mostrar, que estava cônscio de que as crianças nunca mais haviam tido a menor notícia sobre seu paradeiro, deu a ele a visão de estar excluído de toda e qualquer participação familiar. Havia sido excluído da vida das crianças: se exclui, ao mesmo tempo em que foi excluído. Se a ausência era a configuração de toda e qualquer manifestação de dor, o sofrimento diante da consciência, ao menos a apreensão de sua percepção dos fatos, era significativa, tão somente para ele.

Francisco constatou que a família havia se reestruturado de modo que não havia ausentes nem ausência. Tudo está harmonioso, como se não pudesse ocorrer alteração qualquer desses fatos. A dor que aniquilava seu coração, com bastante intensidade e vigor, deu-lhe um golpe fatal e o jogou ao encontro da alternativa de autodestruição: o álcool. *Bebi até não poder mais.*

A configuração da quantidade de álcool ingerida por Francisco, nessa noite, torna-se praticamente impossível de ser dimensionada: anteriormente, já havia bebido, segundo suas palavras, sempre bebia *até não poder mais...* A destruição é a sua condição de vida e sua existência é a perfeita destruição que escolheu para si. Ao acordar, no meio da madrugada, constata, novamente que *nunca havia bebido tanto como naquela noite* – impossível até mesmo de se ponderar, o nível de destruição presente, nesse ato de embriaguez. A vida que agonizava neste estado de embriaguez permanente, adquire a conivência, na qual a destruição final surge até mesmo como condição essencial de sobrevivência; destruição tal, que a condição de homem de rua se torna algo inócuo e indolor; como se transcendesse à condição de violência.

A morte se torna a única possibilidade de libertação para a existência, pois, até mesmo seus companheiros de desventura, se ausentaram diante de seu sofrimento. Assim se torna um ser, em toda a extensão de seu significado, num emaranhado em que se mistura à dor desse aniquilamento.

Francisco não suporta mais, a situação precária em que seu ser se vê transformado; não suporta saber que sua existência não tem significado, nem mesmo para seus companheiros de desventura. A falta de sentido para a vida e mesmo de alívio para seus devaneios, dá a Francisco a consciência de que o homem é a própria realidade dos fenômenos, enquanto verifica na realidade da consciência tal amplitude. A dimensão desse fenômeno faz com que Francisco busque a libertação, dentro dos mesmos limites, segundo os quais delimitou a vida: a violência. Decide pela morte imediata, deixando, num plano secundário, a destruição lenta gradual que, até então, dominava seu ser.

Ao contrário do caso anterior – o de Elaine – em que a paciente hesitava entre os instrumentos e a forma de buscar a morte, Francisco é incisivo em sua escolha. Eliane preteriu a morte, por meio da ingestão de formicida, ponderando que não era um inseto, para morrer dessa forma, ao mesmo tempo em que escolhia *uma forma mais humana de se morrer*. Francisco, ao contrário, decide morrer, da mesma forma como sua existência se apresentava, envolto num manto de lixo. Atira-se sob as rodas do caminhão de lixo, que naquele momento, limpava o lixo da cidade: inclui-se nesse lixo e decide ser levado por aquele veículo, junto com os entulhos e detritos. Se, anteriormente, ponderava, que apenas os ratos e baratas prestavam atenção e manifestavam a presença do homem de rua, diante do acidente com o caminhão de lixo, constata que, mesmo esse veículo, destinado apenas a recolher o lixo e detritos deixados pelas pessoas, ao longo das calçadas, acolheu a limpeza de seu ser – trapo humano, que se redimia da dor e do sofrimento.

O caminhão de lixo, em tudo que pode representar como sujeira e deterioração, não atendeu a seu apelo de libertação, e a morte buscada se transformou num acidente, com consequência física imprevisível. A dor das fraturas provocou menos sofrimento, do que os pressentimentos que tinha no coração; a dor física, consequente das fraturas, não tinha como superar a dor do coração. A dor que sentia estava tampouco em seu coração, ou os membros fraturados; essa dor era o esteio da violência, que atingiu sua totalidade, em tudo quanto pudesse ser alcançado e delimitado: não apenas transcendia os membros, mas, o corpo do paciente, se espalhando pela totalidade das pessoas, numa fragrância de dor e violência. A vida de Francisco era, por assim dizer, um resquício de violência, sem qualquer imposição de algo, que não apenas violência.

Francisco insiste em sua conceituação de trapo humano, ao se referir à visita do motorista do caminhão. Inconformado, relata que esse motorista perde tempo com um mero trapo humano, quando existe tanto lixo para ser recolhido pela cidade. Esse inconformismo, precedido pelo silêncio frente à sua condição, é o espelho de sua desolação.

As visitas desejadas sequer sabiam de sua hospitalização, as pessoas que realmente desejava ver, estavam distantes de sua realidade, e consequentemente, de sua dor. A presença das crianças passa a ser a razão de sua existência, e até mesmo para sua sobrevivência; apenas esses pequenos seres teriam a condição de avaliar as agruras que padecia, em razão de seu ato. Francisco sonha com essa visita, ao mesmo tempo em que lamenta a visita recebida; mergulha nesse momento futuro e encontra nesse ato a presença de alívio, para a sua dor existencial. Mesmo constatando que eles sequer se lembrem de sua existência, ainda assim, tais fatos se tornam estéreis, diante do significado dessa presença, que talvez, ao se manifestar pela ausência, dá ao paciente um hiato em sua dor e, por assim dizer, entre os diversos Franciscos, que tem dentro de si. O homem que agoniza no leito hospitalar não é o homem de rua, e, sim, o garçom, pai de família, que anseia pela vida dos filhos. Não existe lugar, nesse contexto, para a presença do homem de rua, apenas o Francisco de outrora. Tiraria os trajes de andarilho e o do ser que, em si, representava o homem de rua. As crianças veriam o pai, o homem, que outrora com eles convivera, e cumprirá com os deveres e funções desse papel; as crianças, que no seu depoimento eram o único desejo, diante da vida. Ver as crianças, e depois, se deixar levar para outra vida.

A dor de Francisco tem o amargor da separação e traz a imagem do desespero, diante do anonimato a que se expõe. Se, anteriormente duvidava credulidade de seu depoimento, as vidas extremadas vividas de modo insólito, nesse trecho, torna real a crença, de que apenas as crianças teriam a condição de aliviar a dor, que estrangulava seu coração: as crianças seriam o alívio para a sua dor.

Francisco e sua dor. Violência e desamor. Lixo e baratas. Vidas e sucatas.

A realidade nos mostra a violência da miséria e a violência da agressão física, contra o outro e contra a si próprio; violência, que estampada ao longo das ruas e avenidas, é apenas uma pequena amostra da violência da nossa sociedade; violência, que se encontra perfeitamente inserida no contexto da violência urbana de nossos dias. Francisco é mártir e algoz de uma sociedade, que tem na violência um de seus maiores e significativos símbolos de decadência: mártir e herói, de toda uma estrutura que, ao se comprometer irreversivelmente, com a violência, lançou por terra todos os valores de dignidade humana. Ou, então, é possível a aceitação, de modo tão passivo, da violência escancarada aos nossos olhos, pelo sofrimento dos miseráveis? Ou, ainda, dar contornos normais, ao fato de tantas pessoas viverem ao longo de ruas e viadutos?

Francisco, assim como o santo de Assis, que lhe empresta o nome, traz no corpo os estigmas do sofrimento físico; em ambos, a dor física tem, como finalidade, superar a transcendência corporal – um buscando a libertação da alma, por meio do sofrimento físico e o outro, buscando, pelo aniquilamento físico a liberação de uma vida insuportável; os dois, igualmente andarilhos, por opção; oriundos de uma vida bastante diferente, daquela propiciada pela pobreza extremada. Se o santo procurou, por meio de seu gesto, redimir a igreja em total decadência, pela pujança de suas riquezas materiais, o outro procurou, pelo seu ato, a remissão da própria dor. Vitimado pela sua opção, se tornou um ser, cujo sofrimento transcendia a dimensão existencial, em todas as possibilidades a ela inerentes. Ao dizer sobre a possibilidade de vir a ser santificado, Francisco está dando uma conotação real de martírio, ao sofrimento a que se vê exposto. O martírio, que de alguma forma é responsável pela beatificação de tantas pessoas que, igualmente, sentiram na carne a extensão da dor humana, acalentaria de alguma maneira, a dor que sentia e que estrangulava seu coração. Diante dessa possibilidade de beatificação, até mesmo sua condição de andarilho deixaria de ser vergonhosa, para se tornar um comportamento exemplar. Sua família conheceria a sua verdadeira realidade, homem de rua, mas, igualmente, teria orgulho da dor e do sacrifício imposto pelos sofrimentos advindos da tentativa de remissão dos pecados humanos. Seria o mártir do século XX e teria sobre si, toda a dor do homem contemporâneo, naquilo que lhe é mais significativo: a violência. Seria o santo que se tornou trapo humano para, na mais completa e extremada miséria, resgatar a dignidade humana, pela morte. Embora o suicídio não seja tolerado pela Igreja, ainda assim Francisco contemporiza seu martírio como resultado de uma ação sublime e elevada, do ponto de vista espiritual[54]. Francisco torna-se mártir de sua própria redenção, no calvário de sua existência... Agoniza diante da dor e, como se fosse a própria ressurreição, clama pela presença dos filhos.

---

[54] A questão do suicido é bastante polêmica no seio da Igreja, vimos anteriormente. De um lado, existe todo um posicionamento na condenação do ato, do outro, existe a valorização dos atos de mártires, que, ao longo dos séculos, entregaram suas vidas em prol de suas causas e verdades. Até mesmo o caso de S. Francisco de Assis é passível de uma revisão nesse contexto, na medida em que seu sofrimento físico foi determinado pela opção que fez para a sua vida. O suicídio, vimos também anteriormente, não é apenas aquele ato extremado que põe fim à vida, mas, também, formas de autodestruição, que embora não aniquile suas vítimas imediatamente, igualmente se configura como sendo ato letal. Assim, muitos dos mártires clamados pela Igreja como santos, se enquadram perfeitamente no rol das pessoas que decidiram pela morte de forma lenta e gradual. E geralmente irreversível. E o enquadramento desses mártires no grupo de pessoas suicidas, que sacrificaram suas vidas na luta por ideais que transcendem a própria vida, se configura como uma das grandes contradições no seio da Igreja. Talvez, para a Igreja, o suicídio seja condenável para o homem comum, mas não para aqueles que sacrificam suas vidas, em nome de suas causas.

SOLIDÃO, SOLIDÃO, SOLIDÃO

Enfim, do que nos vale uma vida longa se ela se revela difícil e estéril em alegrias e tão cheias de desgraças que só a morte é por nós recebida como uma libertação.

FREUD

A. Relato de caso

Meu nome é Eulália. Você é tão jovem, doutor, e não deve ser capaz de entender meu sentimento... É tão difícil falar... Não consigo falar, sem chorar... Estava jogada num asilo de velhos, como uma tralha velha, que não presta para mais nada... Fiquei jogada, num asilo, uns cinco anos e, por tempos, ninguém mais veio me visitar... Os filhos, as noras, os netos, todos me excluíram de suas vidas... Acho até, que, se visse os meus netinhos na rua, não os reconheceria.

Fiquei viúva, quando as crianças ainda eram bem pequeninas, e a pensão que o meu falecido Ricardo deixou, era muito pequena. A casa, felizmente, já estava paga. O Dedé tinha três anos, o Marcelo, cinco e o Renê, sete. Daí, foi o maior sacrifício educar estas crianças, dando-lhes roupa, comida e escola. Eu costurava para fora, passava o dia sentada naquela máquina de costura. Era muito difícil. Mas, você não imagina a alegria, quando conseguia comprar algum brinquedo novo para eles. Era a maior festa. Com muito sacrifício, consegui que eles estudassem, até se formarem. O Dedé é médico, o Marcelo é advogado e o Renê é arquiteto.

Ensinei aos meus filhos, o caminho do bem. Aos domingos, íamos todos juntos à missa. Rezávamos, todas as noites. Também lia trechos do Evangelho, para que aprendessem o dom da caridade e o respeito pelos semelhantes. Mas, apesar de difícil, a vida também tem coisas boas.

Apesar de todas as dificuldades, a felicidade reinava naquela casa. Muitas vezes tínhamos de sacrificar a comida, para que pudéssemos comprar o material escolar... Deus iluminava aquela casa. Mesmo diante de tantas dificuldades, os meninos nunca desandaram do bom caminho. Eu sempre falava, para que tomassem cuidado com as más companhias.

A alegria que tive, quando eles se formaram, compensou grande parte do sofrimento que havia passado. Foi a coisa mais linda que Deus me deu, a vida da gente passa a ser a vida dos filhos

Teve um ano, sabe, no dia das mães, quando eles ainda eram adolescentes e juntaram um dinheirinho, e me deram um cachecol, bastante aconchegante, bem bonito. Esse cachecol era meu companheiro de asilo. Foi a doce reminiscência daqueles momentos felizes. Também é a triste constatação de que, daqueles tempos, restou apenas a lembrança.

Eu não sei o que aconteceu, para que ninguém nunca mais tenha me visitado no asilo... Não posso saber o que aconteceu, com o coração daqueles meninos... Eles eram tão bons...

O Renê, pra você, ter uma ideia da bondade de seu coração, quando encontrava algum animalzinho doente pela rua, levava pra casa e cuidava dele, até que ele sarasse. O Dedé, então, ajudava as crianças do orfanato que tinha lá no bairro... Não sei o que aconteceu com eles... Só em pensar que, depois, eles, simplesmente, me jogaram no asilo, o coração me estrangula o peito... A dor que sinto, é desesperadora... Jogada num asilo, como se não tivesse mais ninguém no mundo... Passo os dias, esperando que o sol em dia de chuva... Não consigo acreditar, que tenha sido tão duramente abandonada... Parece que, depois que ficamos velhos, não prestamos para mais nada.

As pessoas são como geladeiras, fogões e outros utensílios domésticos, que, depois de muito usados, são atirados num canto qualquer, até apodrecerem duma vez. Depois de certa idade, não servimos para mais nada.

A gente passa a vida inteira, cuidando dos filhos, se priva de tudo, vive em função deles. Passeios, amigos, parentes, enfim, tudo é relegado a um segundo plano. Somente os filhos são importantes... Depois... Depois, é isso que estou vivendo: solidão, desespero, solidão, solidão... Solidão e esta angústia, que sufoca a alma e o coração.

Você deve estar pensando, porque eu não moro na minha casa, não é? Boa pergunta essa... Pois, nem a casa eles me deixaram. Quando ainda eram estudantes, a casa tornou-se grande demais; o Dedé e o Marcelo faziam faculdade no interior, e só vinham para casa nos fins de semana. Na maior parte do tempo, ficava quase vazia. O Renê, praticamente só vinha para casa, para dormir...

Sabe o que aconteceu? Nem eu mesma sei... Num domingo, no almoço, eles me falaram pra vender a casa e morar num apartamento, e com o restante do dinheiro, eles poderiam abrir consultório e escritórios, para que pudessem iniciar suas atividades profissionais. Hesitei um pouco, no inicio, pois, afinal aquela casa era o único patrimônio que tínhamos. Depois, é óbvio, concordei. Afinal, poderíamos morar muito bem, num imóvel menor. Além disso, eles poderiam iniciar, muito bem, suas trajetórias profissionais.

Eu me lembro, até hoje, de quando o rapaz da imobiliária trouxe aquele homem franzino, pra ver a casa... Era como se estivessem arrancando um pedaço de mim. Até rezei, pra que ele não gostasse da casa. Coloquei todos os defeitos possíveis. Qual o que, o homem gostou. Trouxe a família, para ver a casa e, na semana seguinte, veio com uma proposta irrecusável... Depois... Depois, vendemos a casa e nos mudamos para a Vila Mariana, num apartamento desses modernos, que só têm dois dormitórios. O aluguel desse apartamento era bem baratinho, e havíamos decidido alugá-lo, até que aparecesse um negócio interessante.

O dinheiro foi colocado na poupança, em meu nome. O Dedé tinha acabado de se formar e logo casou com a Daniela, uma moça que ele conheceu lá no interior, onde estudava. Eles moraram pertinho do nosso apartamento. Assim, almoçavam e jantavam, todos os dias com a gente. Era tão bonitinho ver como eles se davam bem e, ainda por cima, continuávamos todos juntos... Acho que os pais sempre querem ficar a vida inteira, junto dos filhos.

O Renê também casou, mas mudou para longe. E como o Marcelo ainda continuava seus estudos no interior, eu vivia, praticamente, sozinha.

Nos domingos, era a coisa mais linda! Todos iam lá pra casa. O Dedé e a Daniela, o Renê e a Marisa, e o Marcelo, que vinha passar os finais de semana em São Paulo. O Dedé foi o primeiro a me presentear com um netinho, o Fernandinho.

Acho que a coisa mais linda que existe é ver um filho do filho da gente; é uma emoção, que vale a própria vida.

Nesta ocasião, já havíamos mexido no dinheiro da poupança. Mas os três já estavam com seus escritórios e consultórios montados. O dinheiro praticamente, havia acabado. Mas, a emoção de os ver felizes, se desenvolvendo profissionalmente, tudo compensava.

O Marcelo também casou.

O aluguel se tornava muito pesado. Afinal, eu não conseguia trabalhar com o vigor de outrora. Comecei, então, a tomar consciência de que não conseguiria manter aquele apartamento, por muito mais tempo... Os meninos, com suas novas famílias, mal podiam me ajudar... Mãe é sempre mãe... Sempre desculpam e perdoam os filhos, por mais que os nossos corações estejam sangrando.

Acabei indo morar com o Dedé... O Dedé era o meu xodó... É, apesar da gente dizer, que gosta sem diferença, no fundo, sempre temos uma queda maior por alguns deles. Lá, pra ajudar nas despesas da casa, além do dinheiro das costuras, comecei a mexer no que restava do dinheiro da poupança.

No inicio, ia tudo bem... A casinha deles era uma gracinha, e a impressão que se tinha era de que a paz e a harmonia, também, moravam lá. Além das costuras, cuidava do Fernandinho, coisa que me dava uma realização muito grande. Depois de uns tempos, começaram os primeiros atritos, e depois algumas discussões, fui proibida de cuidar da criança... A nossa experiência não é valorizada... Tudo que vivemos é jogado ao ostracismo...

O Dedé começou a me hostilizar. O ambiente começou a ficar carregado. Ele e a Daniela começaram a insinuar, que eu era um traste, um fardo pesado, que tinham de carregar... Foi terrível.

Você não pode imaginar, como aquilo me doía no coração, mas tinha de me calar, pois, sequer tinha para onde ir. Conversei com os três, para ver se eles não podiam me pagar o aluguel de um pequeno apartamento.

Eles foram irredutíveis. Diziam estar bastante endividados. E decidiram pela minha permanência na casa do Dedé. Assim, foi: a situação, piorando a cada dia, e eu sem ter para onde ir. Eles passaram a conversar comigo apenas o indispensável. Quando nasceu a Andréia, o Dedé me procurou e falou que eu não poderia mais ficar com eles. A casa havia se tornado muito pequena, para acomodar a todos... Pensei em falar algo, mas senti que seria totalmente inútil... Quem diria, o Dedé, o meu xodó, me mandou embora de sua casa.

Não; aquele não era o meu Dedé, o menino que; tantas vezes; levei ao parque para brincar e que gostava de algodão-doce azul. Não, aquele homem de coração endurecido; que estava me mandando embora de sua casa, dizendo que tinha direito de viver sua vida, não era o meu Dedé. O meu menino era terno e meigo... Não seria capaz disto... Foi uma verdadeira apunhalada na alma... Na alma e no coração.

Neste dia, não consegui dormi. Chorei a noite inteira. O meu mundo estava em ruínas e eu não tinha onde me amparar...

Falei com Marcelo e o Renê. Pedi, para que me deixassem ficar, algum tempo, na casa deles, ao menos até que pudesse arrumar outro cantinho, para viver... Nada, todos tinham suas famílias e diziam que não daria certo... E eu, que me considerava parte da família deles... Ilusão amarga.

Acabei indo morar na casa da Inês, uma amiga, que morava com a filha.

No dia em que levei minhas coisas para lá, ela me abraçou de um modo tão forte, que senti toda sua compreensão frente a minha dor. A Inês era muito bondosa e sempre procurava fazer com que eu me sentisse na minha própria casa. Sua filha saia muito, e nossa convivência, apesar de restrita aos fins de semana, era ótima. As duas eram muito meigas comigo e os dias corriam sem novidades, apesar de ter a alma ensanguentada de dor...

Os meninos, vez ou outra, vinham me buscar para almoçar com eles, coisa que foi se espaçando, até rarear por completo.

Com o tempo, a filha de Inês arrumou um namorado e casou. Ficamos as duas morando no apartamento. Mas, ai, o eterno problema, dinheiro. Sentimos na pele a extensão do abandono humano. Era uma a consolar a outra. Não conseguíamos entender o que estava acontecendo, o nosso dinheiro cada vez mais escasso, não dava para manter aquela casa. Um dia, Inês me contou chorando, que iria morar com a filha e o genro... Coitada... Foi outra desilusão, que ela teve na vida, pois voltamos a morar juntas no asilo.

Bem, daí, fiquei, novamente, sem casa... Procurei o Dedé e contei minha situação... Sempre o Dedé, apesar de tudo... Depois, fiquei sabendo a minha nova direção...

O Dedé e o Marcelo chegaram em casa e me contaram que haviam decidido o melhor pra mim: o asilo. Sim, o asilo. Segundo diziam, teria assistência médica e tranquilidade e a companhia de pessoas da minha idade. Ou seja, seria atirada ao deposito de objetos velhos, junto com outras velharias, que não servem para mais nada. Senti que era um peso morto, um fardo pesado, que a todos incomoda e do qual todos querem se livrar. A dor, que sentia na alma, era tão intensa que pensei que fosse morrer. Os dias pareciam infindáveis, as noites, eternas. Nem a oração conseguiu me trazer paz... Somos jogados no asilo, para apodrecermos, longe da sociedade... Não que a gente não sirva pra mais nada... A verdade, é que eles não querem ter estorvos e incômodos na vida... Rezo todas as noites, pra que Deus perdoe a maldade dos corações dos meninos... Acho que a vida de todos os velhos é igual... No momento de a família retribuir a dedicação e o amor, que sempre demos, somos atirados no depósito de vidas humanas... Quantas ilusões não devem estar sucumbidas, dentro de um asilo... Quanta experiência, que poderia ser aproveitada, por toda a sociedade... Ninguém respeita a sabedoria do velho...

As coisas que são respeitadas são aquelas ditas pelo dinheiro e pela posse material... A dignidade humana, não vale mais nada... Tudo é avaliado pelo patrimônio de bens materiais, que se conseguir adquirir... E o mais tragicômico, nisto tudo, é que, nas tardes de domingo, ainda ficamos esperando a visita destes vermes imundos. Apesar do sofrimento que passamos a cada domingo, ainda esperamos por eles.

Apesar de tudo, eles são carne da minha carne, sangue do meu sangue, mas a maldade e a dignidade não é possível que sejam a mesma... A propulsão de suas almas é a indiferença... O desprezo pelo sofrimento humano...

As visitas das tardes de domingo fazem com que a gente sinta que ainda tem família, amor, carinho... Sei lá, pra ter a ilusão de que, apesar de se sentir desfalecendo à míngua, ainda temos vida, sangue e propulsão na alma... A esperança de que, algum dia, possa ter outra vida diferente desta.

Isto tudo é ilusão, bem sei, mas a espera do domingo parece ser alento capaz de nos dar forças para aguentar o asilo... Ou, então, pra nos levar de vez no desespero... A solidão e o desespero se tornam ainda maior com a ausência da família, no dia de visita...

Quando termina o horário de visita, o desespero da gente fica ainda maior, por constatar que a família, mais uma vez, se esqueceu da gente... Se pudesse pedir alguma coisa pra Deus, pediria para ver meus netinhos. Ao menos de vez em quando. A solidão que sentimos no asilo é terrível... Não é possível, que tantas pessoas estejam atiradas no depósito de vidas e que ninguém faça absolutamente nada... O meu coração sangra, a cada domingo, esperando pelo futuro, pelo descanso final... Dói saber que nada mais resta, além do carinho e compreensão do pessoal, que cuida dos velhos no asilo... É mesmo, só isso nos resta, a piedade de alguns poucos benfeitores... Vivemos a solidão aniquiladora, que corrompe lembranças de outras datas mais coloridas, em que a dor e o sofrimento não tinham lugar...

Foi num domingo, que resolvi colocar fim à vida... O relógio marcou três horas do início do horário de visita e ninguém para me avisar, que alguém tinha vindo... Na sala de televisão, o mesmo grupo de velhos, que todos os domingos assistia ao programa do Silvio Santos... Todos desiludidos com o abandono, assistindo a um show interminável, que para mim é o próprio espelho da solidão... Só os que não recebiam visitas é que ficavam assistindo ao programa... Levantei da sala e fui andar pelo jardim, onde os que recebiam visitas conversavam com os parentes e amigos, que tinham vindo trazer um pouco de vida... Olhei as roseiras... Sempre gostara de rosas, principalmente das rosas de bengala... Fui até o lugar onde eram guardados os materiais de limpeza e num impulso só, tomei desinfetante... Por que tomei desinfetante? Para limpar a minha alma, corroída pela podridão humana... E, o pior de tudo, doutor, é que, quando sair do hospital voltarei para o asilo... Uma coisa pelo menos é certa, no horário de visita aqui no hospital, os meninos virão me visitar, pois devem estar preocupados com o meu gesto...

B. Algumas considerações sobre o caso

Este caso, assim como o caso de Francisco, tem como uma das suas primeiras evidências, a incredibilidade diante de seu próprio depoimento. A situação de outrora, ao ser contraposta com a realidade do asilo, dá indícios do absurdo desta existência. A incredibilidade da paciente não é apenas de um discurso sem razão e desprovido de sentido, mas a existência em um período crítico de solidão e desespero. A falta de sentido e de perspectiva de vida mostra, de maneira crua, a realidade dessa vida. *Estava jogada num asilo de velhos, como uma tralha velha que não presta pra mais nada.* A paciente sente sua vida, não mais como algo humano, mas como coisa, coisificando assim, o que restava de humano, nesta existência. *Tralha velha.* Uma definição que, por si só, afasta, de todo e qualquer questionamento, uma possibilidade de humanização de seu depoimento – alguém que, depois de lutar de forma sobre humana pela própria sobrevivência e dos filhos, se sente desfalecida, numa exaustão física e existencial. Sente-se também, que sua vida se esvaiu nas entre-linhas do tempo e do espaço, aniquilando a vida pelo descanso acenado pela possibilidade da morte.

Foi excluída da vida dos filhos, noras e netos; ao mesmo tempo em que foi excluída, se sentiu atirada num deposito humano, numa configu-ração de imagens semelhantes aos depósitos, onde são atirados os objetos que caem em desuso. O asilo foi a exclusão familiar e a intensidade desta situação é espelhada pela ausência de visitas e cuidado das famílias. O asilo era a alternativa criada pelos filhos, para poderem se livrar dela e, de alguma forma, não terem de compartilhar sua presença no cotidiano. A paciente tem a consciência da extensão de sua realidade, ao afirmar que, se visse os netinhos, não os reconheceria. Sentia-se como uma estranha àqueles a quem deu a própria vida e a dimensão de horizontes profissionais promissores.

A paciente coloca de forma clara o sacrifício enfrentado, para educar os filhos, *dando-lhes roupa, comida, e escola...* Esta consciência de sacrifício, de alguma forma, contrasta com a forma como se sente ex-cluída do seio familiar. Fica evidenciado, neste contraponto, que não houve da parte dos filhos sequer o reconhecimento por esse sacrifício: a vida mostrou cruamente que todo o esforço despendido na infância dos filhos foi atirado ao ostracismo, no momento em que se viu necessitada e carente de recursos materiais.

A falta de recursos materiais, por si, é um indicio de desamparo sentido na própria alma. A retrospectiva de vida feita pela paciente é ainda mais incisiva, quando confrontada com o sacrifício que havia empreitado, para conseguir educar os filhos, em termos de formação acadêmica. Todas as dificuldades inerentes à aquisição de materiais es-colares eram atenuadas, com a alegria que todos manifestavam diante de um brinquedo novo. Ao se referir ao fato de que havia ensinado *o caminho do bem* por meio de leituras e reflexões do Evangelho, a paciente torna ainda mais abismoso o abandono, em que se encontra mergulhada. O sacrifício para obter alimento é outro indicio de que a vida era uma enorme somatória de dificuldades.

A solidão tem facetas bastante complexas e que, de alguma forma, mostram um dos maiores espectros que atormentam a existência humana. Ela tem conotações diferentes, que variam de acordo com situações circunstanciais. A solidão de Eulália é o retrato do desespero humano, em sua condição mais extremada, O contato que mantém com a solidão é de tal teor e intensidade, que o confronto com reminiscências de um passado diferente e que acenava possibilidades existenciais tão diversas, apresenta de maneira escancarada, a absurdidade da vida. O depoimento da paciente mostra, de forma clara, a maneira como ela foi atirada no *depósito de vidas humanas*, após uma longa vida de sacrifícios e privações, na tentativa de propiciar uma melhor condição de vida aos filhos. E estes filhos, ao serem considerados os responsáveis pelo seu lançamento no *depósito de objetos velhos*, adquirem, igualmente a forma de objetos coisificados, se excluindo assim, toda e qualquer conotação humana, portanto, familiar.

Eulália compara a bondade do coração dos filhos com a clareza representada pela ausência sentida, nos dias de visita. Os filhos, diante de sua percepção, não eram os mesmos: alguma coisa muito estranha havia acontecido, transformando totalmente, e a *coração daqueles meninos... Eles eram tão bons...*

A incredibilidade diante de suas palavras, se torna ainda mais dramática, quando cita gestos triviais do cotidiano dos filhos, em que a bondade era singular e desvinculada de toda qualquer pretensão. A constatação de que estes filhos haviam-na atirado, impiedosamente, ao desespero, desamparo e solidão, era demasiadamente cruel para ser real.

A coisificação imposta à sua vida é claramente perceptível, quando compara as pessoas a *geladeiras, fogões, e outros utensílios domésticos, que depois de muito usados são atirados num canto qualquer até apodrecerem de uma vez*. Na dureza destas palavras, se constata a nulidade da existência humana.

Muitas vezes, os princípios existencialistas são criticados, por mostrarem a existência humana como absurda e desprovida de sentido. No entanto, diante de casos como o de Eulália, estas colocações se tornam tão absurdas e verdadeiras, que se fazem simplistas e imbricadas com a realidade. A absurdidade da vida é insípida, em relação à dor estampada no depoimento de Eulália: o inconformismo de suas palavras toca todos diretamente, pela possibilidade real do sofrimento mostrado. Que é acenado como uma das possibilidades inerentes à velhice. Toda a propulsão social direcionada no sentido de tornar a vida daqueles que se encontram na chamada terceira idade humana digna, se perde na dimensão dos fatos diante da realidade dos asilos. A condição que se impõe, de meros objetos atirados no depósito de vidas humanas, degrada não apenas os momentos de gerontologia social, mas até mesmo os princípios de dignidade humana.

Ao se sentir excluída do seio familiar, por não ter mais utilidade, Eulália estampa a dor de todos aqueles que, abandonados num asilo, aguardam pela vida, que agoniza em suas paredes. A solidão do asilo é quebrada nos dias de visita. A presença dos familiares, nestes momentos, é a configuração de que a palpitação de vida ainda pode encontrar eco nos corações dilacerados pelo abandono. A conceituação de dignidade humana perde o sentido etimológico, diante do número absurdo de pessoas, que vivem confinadas em instituições dessa natureza.

O velho é considerado inútil por uma estrutura social que o considera improdutivo. E também, porque não mais há necessidade de consumir bens materiais, produzidos neste emaranhado de valores e fatos. O velho tem sua dignidade existencial aviltada, de maneira desumana. A solidão e o vazio existencial são inerentes ao homem contemporâneo, mas com a proximidade da velhice, estes sentimentos se tornam cada vez mais angustiante. Na velhice, ocorre o sentimento de abandono, conivente ao abandono real que ocorre em suas vidas.

A velhice é revestida por um sentimento de angústia, no qual se perde o sentido de significação. Aos poucos, se vê frente a um vazio existencial, nunca preenchido pela essência do ser. Todo seu trabalho, suas lutas anteriores e até mesmo seu sentido de significação, na quase totalidade das vezes, estavam sedimentados na confiança e afeto de seus semelhantes mais próximos. Esta perda de significação é condizente com sua realidade: passa para uma situação de abandono, perdendo os papéis que desempenhava dentro de um contexto sócio-familiar. Esta situação é questionada dramaticamente, em sua existência. Pois, os mesmos familiares que o abandonaram e o confinaram nos muros de um asilo, tiveram sua totalidade e sustentação realizadas por ele, que agora se vê considerado um *velho* abandonado e relegado a uma total carência afetiva e material. Na medida em que são abandonados pelo núcleo familiar, aos poucos também se abandonam, desprezando, contínua e fluentemente, todos os contatos com o mundo exterior. E passam a viver, quase exclusivamente, de reminiscências e promessas de um tempo bom, que se perdeu no seu espaço.

A perda do sentido da vida é conflitante e angustiante, levando a um sentimento de culpabilidade e nulidade, quando se defronta com as impossibilidades sociais, que são negadas, independentemente das condições físicas, muitas vezes, ainda aptas para o desempenho de tais atribuições. Esta perda leva a outros objetivos existenciais, diferentes daqueles concebidos em outros momentos da vida.

Eulália configura em si toda a realidade social do *velho*: tudo é negado. No âmago de sua existência, vê aos poucos diluir todas as esperanças de uma vida melhor. A morte é vista e esperada com tal resignação, pela falta de outra opção. Ao questionar o tédio, em que o sentimento predominante é o total abandono à vida, que ainda existe dentro de si, e que é cerceada pela imposição de uma situação alienadora, aniquila, inclusive, suas reações básicas de vida. Ou, ainda, nas palavras de Simone de Beauvoir[55]: *Se a cultura não fosse um ser inerte, adquirido de uma vez por todas, para ser, em seguida, esquecida, se fosse pelo contrário, prática e viva, e se o indivíduo com o seu auxílio pudesse agir sobre o seu ambiente, de uma maneira que se iria realizando e renovando, no decorrer dos anos, o velho poderia ser, em todas as idades, um cidadão ativo e útil. Se não fosse aterrorizado desde criança... Se participasse de uma vida coletiva, tão cotidiana e social como a sua própria vida, ele nunca viria a conhecer o asilo.*

Os problemas geriátricos, que envolvem este sentimento de abandono e inutilidade, estampam, na dor de Eulália, uma realidade na qual o ciclo vital parece se exaurir. Pois, se para dada enfermidade existe a esperança de cura, diante da velhice, ao contrário, nada existe que possa dissipá-la. Ao mesmo tempo, em que a sociedade em sua representação jovem desrespeita a condição humana do *velho,* estes jovens críticos e desrespeitosos, de hoje, são os *velhos* de amanhã.

A sociedade, por outro lado, se preocupa com lucros e produção e, assim promove uma amnésia social, na qual o homem é esquecido como homem. Na medida em que passa a fazer parte de um contexto, onde a idade é vista como limitadora, deturpadora, destruidora, na continuidade das capacidades de crescimento do ser humano. Ainda que tenha muito a ensinar, pois, possui anos de vivência e de experiência. O presente explicado pela própria experiência vivida. O *velho,* no entanto, não é ouvido por suas experiências. Ao contrário, essas experiências são desprezadas, muitas vezes, até mesmo pela rotulação de senilidade.

---

[55] BEUAVOIR, S. *Na Força da Idade*, São Paulo: Difusão Europeia do Livro, 1970.

E, se os velhos são considerados inúteis e desprovidos de vida própria, a realidade, por outro lado, configura o distanciamento da dignidade humana de atos tão desumanos.

Eulália é a própria dor do *velho,* em todos os aspectos que essa configuração pejorativa possa abarcar: se sente atirada no depósito de objeto velho, ao mesmo tempo em que, tendo sido abandonada pela família, vive reminiscências dos tempos em que a vida apresentava contornos, bastante diferentes, daqueles vividos, nesta realidade. Sente-se exaurida e usada, até nos últimos fragmentos de suas entranhas, quando, nesta sua trajetória de vida, se articulou a venda da casa para a aquisição dos respectivos escritórios e consultório. Eulália descreve a forma como sentiu, que sua estrutura material havia sido corroída, de modo que os anos de trabalho, debruçados sobre a máquina de costura, ficassem reduzidos a simples momentos inócuos. Eulália desconsiderava esta perda real de estabilidade econômica, diante da *felicidade* dos filhos, em suas atividades profissionais e nos vínculos das novas famílias. A reunião com os filhos, noras e netos aliviaria todas as dúvidas, que pudessem turvar sua vida. Assim, a degradação vivida pelo *velho,* em nossa sociedade, é sentida de forma dilacerante por Eulália. Ela sente corroer todos os seus princípios de dignidade humana, no conflito de valores vividos no cerne de uma estrutura familiar, onde passa a ser considerada um *traste,* um fardo pesado, que tinham que carregar. O desprezo pela sua experiência de vida é colocado, quando afirma: *Fui proibida de cuidar da criança... A nossa experiência não é valorizada... Tudo que vivemos, é jogado no ostracismo...*

Eulália dá contornos irreais ao seu depoimento, quando confronta o Dedé que a havia mandado embora de sua casa, com o Dedé menino, que, tantas vezes, havia levado para brincar no parque, e que gostava de algodão-doce-azul. *Não, aquele homem de coração endurecido que estava me mandando embora de sua casa, dizendo que tinha direito de viver sua vida, não era meu Dedé. O meu menino era tenro e amigo... Não seria capaz disto...*

A condição (des)humana do *velho,* novamente se confirma na dor de Eulália, quando ela se vê, totalmente abandonada e sem o menor amparo daqueles, que sempre foram a razão de sua existência; numa condição de piedade extremada, se vê abrigada por uma simples amiga, que, de alguma forma, adia sua ida ao asilo. A maneira como a paciente mostra a incompreensão da qual se sente vitimada, mostra claramente a questão da percepção do outro em si mesmo. Não percebe que não estava sendo tomada como mãe, que um passado próximo, em termos cronológicos, mais distantes em termos emocionais, se desdobrou em sacrifícios, para obter êxito na tarefa de educação desses filhos. A percepção que tem de si, ainda é aquela mãe protetora, que trazia sobre si todos os encargos e responsabilidades, que caíam sobre a família; não houve mudança em seu campo perceptivo, sobre a forma como os fatos evoluíram e como, consequentemente, se modificaram. A unidade familiar de outrora apresentava, na atualidade, aspectos bastante diferentes, daqueles concebidos por ela. A expectativa que tinha dos filhos e, por assim dizer, da própria vida, se quebrava num total desencanto, diante da constatação de que o amparo com que protegeu os filhos na tenra idade, não tinha como proteger o seu ser. Os filhos foram amparados e desabrocharam para a vida, num lar que estribou todo o desenvolvimento, diante das dificuldades advindas. No entanto, a gratidão e o reconhecimento, deste amparo, eram a mera expectativa de Eulália, frente às suas próprias necessidades e não, ao contrário, do que poderia supor diante de gestos e atitude dos filhos.

O asilo foi acenado, como a melhor opção, para a sua vida, *pois lá teria assistência médica, tranquilidade e a companhia de pessoas da minha idade.* Isto tudo, no entanto, não era suficiente, para dissipar o conceito de que *seria atirada ao deposito de objetos velhos, junto com outras velharias, que não servem pra mais nada.* A realidade que tinha diante de si, no asilo, era a estampa da desolação humana, em todas as configurações de desespero e degradação. O seu inconformismo diante da situação é percebido nas palavras de perdão: *rezo todas as noites, para que Deus perdoe a maldade dos corações dos meninos... Acho, que a vida de todos os velhos é igual... No momento da família retribuir a dedicação e o amor que sempre demos, somos atirados no depósito de vidas humanas...*

A questão geriátrica nos aspectos que envolvem o desprezo à figura do *velho,* em nossa sociedade, é configurada de modo claro no depoimento de Eulália. A situação sentida, no desespero de um abandono que, se ao menos não é configurado como real, e sim abismoso, na medida em que se equipara ao afeto e amor dedicados, em outras ocasiões da vida. A condição legada ao velho, de total inutilidade, e isto muitas vezes, apesar de não possuir comprometimento em seu pragmatismo, é consequência da condição consumista de nossa sociedade, na qual, apenas aqueles que consomem os bens produzidos merecem atenção e preocupação. O *velho* é jogado a um total ostracismo, no seio das preocupações sociais, e até mesmo suas experiências de vida, que anteriormente, eram repletas de sentido e significação, se tornam um mero desenrolar de dias e fatos, que a única alternativa e realidade possível é o tédio existencial, em sua mais extremada monotonia.

A vida se torna, então, uma repetição, tal qual um relógio, que repetidamente, marca as mesmas horas. A solidão, um dos espectros maiores do homem contemporâneo, adquire contornos insuportáveis, cuja dimensão irá dilacerar o coração, de modo a estrangular todos os sonhos e ilusões; a solidão passa a ser um determinante de desespero, que inclusive, sufoca e aniquila outros expressionismos existenciais. A incapacidade de se alterar esta condição, aumenta mais o sentimento de inutilidade.

Eulália, ao constatar que as pessoas ganham significado, a partir dos bens materiais possuídos, se angustia, na medida em que a reflexão destes aspectos mostra, claramente, que a situação seria bastante diferente, se ela possuísse recursos materiais. É sabido, por exemplo, do número de pessoas que, apesar de estar na chamada terceira idade, e mesmo estando em total desarmonia e desacordo com os familiares, têm uma vida, totalmente diferente daqueles que se encontram internados nos asilos. A diferença significativa desta situação reside no fato de possuírem condições materiais, de prover a própria sustentação. Neste sentido, a configuração de sentimentos de inutilidade e abandono adquire uma condição bastante equidistantes das pessoas, que se encontram encerradas dentro de um asilo.

A espera pelas visitas, nas tardes de domingo, é igualmente, outro fato que dimensiona, a partir do depoimento de Eulália, o sofrimento de tantas pessoas que se encontram internadas, nas diversas instituições desta natureza. As instituições, sejam elas presídios, asilos, hospitais, etc, adquirem uma palpitação singular, nos horários de visita. A presença dos familiares leva, para dentro dos muros institucionais, a vida que pulsa nas ruas e avenidas e que agoniza dentro da instituição. A degradação e o desespero da realidade institucional adquirem um bálsamo de esperança, neste hiato de sofrimento. Existe, inclusive, depoimento de esperança neste hiato de sofrimento institucional, mostrando que, uma das maiores dificuldades enfrentadas, consiste em se aliviar a dor provocada pela ausência de visitas. Ou seja, no momento em que todos os companheiros se regozijam com a presença dos familiares e amigos, aquela pessoa que não recebe visita, sorve apenas o amargor de uma ausência dilacerante. Ou, ainda, nas palavras de Eulália: *As visitas das tardes de domingo fazem com que a gente sinta que ainda tem família, amor, carinho... Sei lá, pra ter a ilusão de que, apesar de se sentir desfalecendo à míngua, ainda temos vida, sangue e pulsação na alma... é a esperança de que, algum dia, ainda possamos ter outra vida, diferente dessa...* Se o horário de visita traz a palpitação da vida, igualmente traz o desespero pelo abandono, que adquire contornos reais, nestes momentos. É no horário de visita que a ausência dos parentes e amigos se faz presente, de modo inquestionável. Também, é no horário de visita, que a espera de novas perspectivas de vida se torna esperança, no turvo dos sentimentos e emoções. O contato com familiares leva para dentro da instituição e dos corações notícias sobre amigos, trabalho e, até mesmo, informações de ordem prática, que fazem com que a pessoa não perca, totalmente, o parâmetro com a realidade social extramuros.

Vimos, anteriormente, que os nossos sentimentos de estima e rejeição estão diretamente ligados ao olhar do outro. Neste sentido, a ausência de visita, ou seja, do olhar do outro, que de alguma forma possui significado na própria vida, confere sentimentos bastante definidos de estima e rejeição, a essa pessoa que se encontra no contexto de uma dada instituição. A situação especifica dos asilos, além de todos esses aspectos, se agrava, ainda mais, com a ingratidão daqueles que configuram a própria vida. Ou, ainda nas palavras de Eulália: *Isso tudo é ilusão, bem sei, mas, a espera do domingo, parece ser o alento capaz de nos dar forças para aguentar o asilo... Ou, então, para levar de vez ao desespero... A solidão e o desespero se tornam ainda maior, com a ausência da família, no dia de visita...* A ausência da família, durante os outros períodos da semana, não adquire tais contornos, na medida em que a instituição, de alguma forma, se estrutura, de modo a fazer com que os internos não sintam esta ausência, pois, para este intuito, sabemos, não há fórmula para ser alcançada no cerne dos objetivos de uma instituição, pois a ausência do outro se localiza, muito mais, no coração do que na ausência de atividade. O horário de visita, no entanto, torna esta ausência ainda mais crítica, porque, além de não haver atividades programadas pela instituição, o coração se prepara, durante toda a semana para este encontro. Diante da ausência dos familiares e amigos, todos os sonhos e ilusões depositados se despedaçam, de forma inefável. Lágrimas são apenas expressão de um coração ensanguentado pela dor, pois, não há como definir a real dimensão deste sofrimento. Assim, apesar da eloquência do depoimento de Eulália, não há como atingir a totalidade de seu sofrimento e desespero. O desespero e amargor de seu depoimento corrompem até mesmo a frieza emocional dos insensíveis: *quando termina o horário de visita, o desespero da gente fica ainda maior, por constatar que a família, mais uma vez, se ausentou...Se pudesse pedir alguma coisa pra Deu, ou sei lá pra quem, pediria pra ver meus netinhos, ao menos de vez em quando (...)...o meu coração sangra a cada domingo, esperando pela ilusão de que a vida lá de fora possa iluminar o nosso sofrimento.* O contraste que existe nesta comparação, entre a *vida lá de fora* e a violência do asilo, demonstra que, além do antagonismo presente no depoimento, existe ainda uma total inextricabilidade dos sentimentos, frente à institucionalização, bem como aos aspectos a ela inerentes.

Eulália é a dor da velhice, em tudo quanto essa condição possa se configurar, em termos de sentimentos de abandono e de situação de abandono real. Estamos diante de um caso em que, apesar de todos os cuidados nesse sentido, a generalização se torna, praticamente, o estudo do singular. Os sentimentos vividos por Eulália configuram, em seu depoimento, a forma como são tratados os velhos em nossa sociedade; a vida que agoniza em seu peito é a mesma de tantas outras pessoas, que, nos asilos, padecem do desamor. O seu depoimento, em diversos momentos, nos dá parâmetros bastante precisos de seu inconformismo, ao se referir aos filhos como *vermes*. Até mesmo, no momento em que se refere a eles, dizendo ser *sangue do meu sangue...* Existe uma preocupação em mostrar, que deste aspecto, havia algo diferente entre eles, a dignidade e o respeito pelo sofrimento humano. Não há perspectiva de uma vida diferente e que acenem com outras possibilidades que não aquela configurada pelo abandono. O futuro, desta maneira, será desprovido de todo e qualquer questionamento vital. Uma vida na qual a ponteamento de fatos e emoções será apenas, e tão somente, a perspectiva de abandono.

A paciente sente na pele a condição do asilo, o que é inerente a esta condição. O depósito de vidas humanas, ligadas no total ostracismo pelos familiares, abarca a dimensão existencial, em todas as configurações possíveis de desespero. Ao retratar a cena, das tardes de domingo, na espera infindável pela visita que não aparece, Eulália mostra uma pequena faceta desse universo de desespero: as pessoas, diante de um programa de televisão, que se torna, segundo suas próprias palavras, *um show interminável*, em que o desespero do passar das horas, é a constatação do amargor da situação vivida.

O ato de assistir a um programa de televisão adquire diversas características circunstanciais, de acordo com a própria busca do telespectador. Assim, assistimos a determinados programas de televisão em busca de lazer, distração, buscando informações diárias e, até mesmo, um entretenimento, diante do tédio existencial. No caso vivido por Eulália, e sem risco de se incorrer em erro de generalizações indevidas, na maioria das instituições, onde as pessoas se encontram internadas – hospitais, prisões, albergues, etc., os programas de televisão se tornam a única tentativa de afastar o pensamento de questionamentos, que corroem a alma de modo impiedoso. O horário de visita, com o silêncio da ausência dos parentes, é afastado com os risos e gargalhadas de um programa, em que as pessoas vivem uma alegria, que aniquila de vez, a dor destes telespectadores.

A dor e o desespero, ao se confrontarem com o riso e a alegria, tornam ainda mais distante, uma vida com perspectivas diferentes. A televisão, que por muitos é difundida como veículo, que leva sonhos e ilusões à casa dos telespectadores, no caso do asilo e de outras instituições, ao contrário, leva apenas à constatação de uma realidade desesperadora. Até mesmo a celeuma de alguns estudiosos, que acusam a televisão de ser um dos principais responsáveis pelo empobrecimento das relações interpessoais, seguramente, teria de ser revista, diante do papel exercido por ela, na realidade institucional. O inconformismo e a dimensão da absurdidade da própria existência, diante do abandono, configuram à televisão um papel de conveniência e, até mesmo, de agradecimento diante da dor e do desespero.

Eulália resolve colocar fim à vida, num domingo. E sua decisão ocorre com o relógio marcando três horas da tarde, *quando já haviam passado duas horas do início do horário de visita e ninguém pra me avisar que tinha vindo alguém.* No teor de suas palavras, a configuração de que sua existência pudesse ser definida como configuração humana. É ao descrever esse episódio, demarcando a dimensão de seu desespero diante das roseiras e do grupo de pessoas absortas, diante das visitas, que se configura a irreversibilidade de que a morte apenas antecipa uma morte física, em seu espectro de vida, que agonizava, existencialmente, há muito tempo. Seu depoimento, de que havia tomado desinfetante, para limpar a sua *alma corroída pela podridão humana* é o próprio simbolismo de como a indiferença e o desamor haviam maculado a pureza de seus sentimentos; tentava tirar de dentro de si os resquícios da podridão humana, agredindo o outro, na tentativa da própria destruição. O outro, na figura dos filhos, noras e netos, seria agredido de modo drástico, pela culpa que a morte, certamente, abarcaria.

Vimos, anteriormente, a culpa de que se vê revestida a família daqueles, que resolvem, pelo suicídio, acabar com as dificuldades e sofrimentos existenciais. Assim, a família de Eulália, certamente, teria sobre si, o fardo de arcar com o suicídio e as circunstâncias que envolvem esse ato. Ao contrário de outros pacientes, dos quais a família se sente culpada de ter responsabilidade aparente, na violência do ato de suicídio, os familiares de Eulália iriam sentir-se responsabilizados diretamente, pelo desespero vivido pela paciente. Este aspecto de agressão ao outro, pela condição de dor legada na própria vida, é presente em seu depoimento, quando afirma que *no horário de visita aqui do hospital os meninos virão me visitar, pois devem estar atônitos com o meu gesto...* O outro, que após a alta hospitalar irá levá-la, novamente para o asilo, é agredido pela degradação de sua condição humana.

A tentativa de suicídio de Eulália, ao contrário de outros pacientes, apresenta indícios de tolerância, no bojo de sua ocorrência, assim como ocorre com os pacientes portadores de doenças degenerativas. Em ambos os casos, o sofrimento físico e a desolação existencial atenuam a violência do gesto de suicídio, recebendo, assim, complacência do jugo moral e social. É como se houvesse uma aceitação da antecipação da morte, diante de uma situação irreversível de sofrimento.

O suicídio apresenta muitas polêmicas nas discussões que envolvem sua ocorrência, mas, diante de sua real configuração da vida que agoniza no desespero, se torna apenas, simples consequência da degradação humana. Eulália e sua dor, simples vítima do absurdo da existência humana em seus aspectos de sofrimento e dor...

Teu sorriso...

Valdemar Augusto Angerami

Para Daisy, ma belle Marguerite....

Teu sorriso é minha preciosidade de vida...
Generoso, algo que me inebria em momentos de desalento...
Acordar pela manhã e o apreciar, algo mágico...
Antecede a alegria de tê-la em meus braços...
Sorriso de alma... A iluminar meu caminho...
Com os olhos fechados o vejo no coração...
Na vida é esteio de que traduz em gesto a felicidade...
Os teus olhos brilham radiantes ao sorrir...
Sorriso que transforma a vida em azul dos sonhos...
De tudo quero esse sorriso para levar esperança aos combalidos...
Sorriso... Sorriso e a vida a me embalar em suaves sonhos de amor...

Serra da Cantareira, numa noite azul de Inverno...

Considerações Complementares

Da chicotada só esquece quem açoita...
SABEDORIA CIGANA

Os casos analisados nesse trabalho foram escolhidos, aleatoriamente, entre os diversos pacientes com os quais deparamos nesses anos de atividade, junto à temática do suicídio. Não houve a pretensão de se generalizar a questão do suicídio, a partir da análise feita. Nossa intenção foi fazer uma análise qualitativa, em profundidade, das tentativas de suicídio apresentadas.

Na análise existencial dos casos, pudemos perceber a abrangência dessa análise na compreensão do sofrimento e desespero humano. Como ponto de convergência dos depoimentos, temos o desespero frente ao vazio existencial, apresentado pela total falta de significado e sentido da vida, presentes nesses pacientes. Os aspectos que envolvem cada existência, aparecem distantes em termos de uma configuração semelhante, apresentado, no entanto, perfeita congruência na falta de sentido de vida apresentada. Pessoas em que o desespero se tornou ainda mais desesperador, diante de uma força incapaz de prover alguma razão e até mesmo significado para essas vidas.

O suicídio, e consequentemente, todo o sofrimento advindo de tais atos, apenas tão somente, se justifica pela destruição presente nesse ato extremando de desespero. Na medida em que se manifesta como um modo de ser da própria consciência, o suicídio e sua manifestação são a apreensão de alguma coisa – *essa coisa sou eu mesmo,* a própria realidade do fenômeno desse ser, a autodestrutibilidade em uma de suas expressões mais significativas. O desespero humano presente no homem contemporâneo encontra no suicídio uma de suas manifestações mais extremadas de determinação. E assim é: a realidade única de cada ato de suicídio é a realidade da vida do paciente, em sua manifestação existencial.

A análise foi embasada a partir dos estudos realizados por Laing e Cooper sobre os escritos de Sartre, bem como de nossa própria leitura sartriana. Apesar de todas a controvérsias e polêmicas que envolvem a obra de Sartre, seguramente ele se apresenta como o filósofo de nossa época, o autor que mais exaustivamente escreveu sobre análise existencial do homem moderno. Sartre, que respondendo aos desafios contemporâneos, propôs um método de análise no qual o materialismo histórico não fosse excluído do campo das reflexões. Reuniu, assim, no magistral Crítica da Razão Dialética[56] o ponteamento desse método, levando em conta as mútuas críticas que se faz tanto ao marxismo como à fenomenologia. Essa obra sartriana, em sua abrangência, compreende o homem de nossos dias como nenhuma, em razão da maneira como Sartre viveu a realidade contemporânea.

Ou, ainda nas palavras de Bornhein: Cabe mesmo dizer, que o traço que mais distingue o mundo de hoje, de todas as etapas anteriores da história do homem, resulta dessa experiência de uma cultura integralmente profana e ateológica. Podemos apenas vislumbrar, de um modo pobre e primitivo, o que é uma comunidade religiosa, centrada no sagrado, se nos refugiarmos em pequenos núcleos populacionais do interior. Refugiar é bem a palavra: faz-se necessário sair da órbita do mundo propriamente civilizado. Quando se volta ao asfalto, a esta outra vivência original do nosso tempo, que é a cidade, o sagrado desaparece do cenário, transforma-se em uma preocupação doméstica, do homem fechado em seu quarto, ou, na melhor das hipóteses, restrita a pequenos grupos sociais. Sartre é o homem do asfalto, o ateu coerente.

Em Crítica da Razão Dialética[57], Sartre procurou a estruturação das bases dialéticas de uma antropologia estrutural. Um trabalho crítico numa abordagem dialética, e na qual, segundo Laing e Cooper, foram demarcados os limites e a validade da razão dialética e as afinidades e oposições dessa com a razão analítica. Embora sem desprezarem a importância de El Ser y La Nada[58] – considerada por muitos, como sendo a principal obra de Sartre – é em Crítica da Razão Dialética[59], e Questão

---

[56] *Critica de La Razon Dialectica. Op. cit.*

[57] *Ibidem. Op. cit.*

[58] *El Ser Y La Nada. Op. cit.*

[59] *Critica dE La Razon Dialectica. Op. cit.*

do método[60] e Saint Genet – Comèdien et Martyr,[61] que Laing e Cooper, os principais pensadores, que fizeram a convergência de seu pensamento para a psiquiatria e psicologia, se fundamentaram. Algumas das posições que Sartre adota em O Ser e o Nada[62] encontram um novo dimensionamento nessas obras. Sendo que Saint Genet[63] é, por assim dizer, a obra em que os críticos consideram que essa transição foi realizada. Essa obra é ainda considerada por muitos, como a mais profunda tentativa feita por um homem, para entender a vida de outro homem.

Iniciamos, sabemos e nos assustamos diante dessa dimensão, uma proposta de trabalho e análise embasados num autor polêmico e repleto de controvérsias. Mesmo o fato de Laing e Cooper endossarem a ótica sartriana de análise existencial, no campo da psiquiatra e psicoterapia, ainda assim, a consciência dessa nossa trajetória sequer tem como abarcar o amargor dos críticos de Sartre. Muitos críticos, inclusive, não de sua obra propriamente, mas de seus posicionamentos políticos e sociais, que sempre procuraram primar pela justeza e valores de dignidade humana.

Discutimos o suicídio, a partir de Sartre e concluímos que essa problemática será beneficiada em sua tentativa de compreensão com esse enfoque. Essa contribuição, seguramente, será decisiva na efetiva atuação, visando ajudar esses pacientes a recuperarem a própria compreensão de suas vidas, recuperando, assim, o significado dessa existência.

---

[60] SARTRE, J. P. *Queston Del Método*. Buenos Aires: Editoria Losada, 1972.

[61] *Saint Genet, Comédien et Martyr. Op. cit.*

[62] *El Ser Y La Nada. Op. cit.*

[63] *Saint Genet, Comédien et Martyr. Op. cit.*

Referências

ANGERAM, V. A. *A Psiquiatria Sob Sartre*. In: ANGERAMI, V. A. (Org.) *Psicoterapia Fenomenológico Existencial*. Belo Horizonte: Artesã, 2017.

_____. *Psicoterapia Existencial. Noções Básicas*. Belo Horizonte: Artesã, 2017.

_____. *Como Uma Sociedade Suicida Aniquila Suas Vítimas*. In: ANGERAMI, V. A. (Org.). *Crise, Trabalho e Saúde Mental no Brasil*, São Paulo: Traço Editora, 1996.

_____. *Existencialismo e Psicoterapia*. São Paulo: Traço Editora, 1984.

_____. *Solidão. A ausência do Outro*. Belo Horizonte: Artesã, 2017.

BASTOS, O. Ameaça de Suicídio – Atuação Psicoterápica. In: *Jornal Brasileiro de Psiquiatra*, v.32,n.3, maio/junho 1983.

BEAUVOIR, S. *Na Força da Idade*, São Paulo: Difusão Europeia do Livro, 1970.

BORNHEIM, G. A. *Sartre, Metafísica e Existencialismo*, São Paulo: Perspectiva 1984.

BOSS, M. *Entrevista com Boss* – publicação da Associação Brasileira de Análise e Terapia Existencial.

BUBER, M. *Eu e Tu*, São Paulo: Editora Moraes, 1997.

CAMUS, A. *Le Mthe de Sisph*, Paris: Gallimard, 1952.

DURKHEIM, E. *Le Suicide Étude de Sociologie*. Paris: Press Universitaires de France, 1969.

FARBEROW, N. L. Sartre: Past, Present and Perspective. In: *Suicide Research – Proceedings of the Seminars of Suicide Research* by Yrjo Janson Fondation, Psychiatria Fennica S uplementun, Helsinque, 1976.

FARBEROW, N. L. Predction of Suicide: a Republication Study In: *Suicide Research – Proceedings of the Seminars of Suicide Research* b Yrjo Jansson Foundation, Pschiatria Fennica Suplementum, Helsinque, 19.

GUILOON, C.; BONNIEC, Y. *Suicídio, Modo de Usar,* São Paulo: EMW Editores, 1984.

KALINA, E.; KOVADLOFF, S. *As Cerimônias da Destruição,* Rio de Janeiro: Livraria Francisco Alves, 1984.

LAING, R. D.; COOPER, D. G. *Razão e Violência,* Petrópolis: Vozes, 1976.

Nietzsche, F. *O Ocaso dos ídolos,* São Paulo: Nova Cultural, 2005.

PAIVA, L. M. *Depressão e Suicídio,* Rio de Janeiro: Imago, 1980.

SARTRE, J. P.; FERREIR, V. *O existencialismo é um Humanismo,* Lisboa: Editorial Presença, 1970.

_____. *Saint Genet, Comédien et Martyr,* Paris: Gallimard, 1962.

_____. *Critica de la Razion Dialéctica,* Buenos Aires: Editorial Losada, 1969.

_____. *El Ser La Nada,* Buenos Aires: Editorial Losada, 1981.

_____. *Queston Del Metodo,* Buenos Aires: Editorial Losada, 1972.

VAN DEN BERG, J. H. *O Paciente Psiquiátrico – Esboço de Psicopatologia Fenomelógica,* Campinas: Livro Pleno, 2005.

Posfácio

Odeio escrever... e muitos me indagarão, "como isso é possível com tantos escritos e livros?!" E simplesmente responderei: "É um dos meus instrumentos na luta contra a brutal desigualdade social que açoita violentamente os combalidos e humilhados." E o prazer de outras atividades sucumbe diante dessa trincheira da escrita... Paz e bem!

Este livro foi composto com tipografia Bembo
e impresso em papel Luxcream 70g. na Formato Artes Gráficas.